實戰智慧館 462

炒股的智慧

教你持續、長期、穩定買股，讓錢自然流進來

陳江挺 著

新修版推薦文一

學會炒股智慧，投資更穩健

99啪（財經作家、《沒有18%我靠股票打造自己的鐵飯碗》作者）

《炒股的智慧》是作者陳江挺先生長銷二十年的經典大作，我在多年前初次接觸後便成為忠實讀者，之後每逢書籍改版也不曾錯過，都會買回家收藏。

不僅如此，每當我遇到朋友請我推薦書單時，或許隨著對方條件、需求的差異而有所調整，但毫無例外的，這本書一定會出現在我的推薦名單內。

至於為何我會如此推薦呢？理由在於本書濃縮了作者在華爾街多年的炒股經驗與心法，可讓讀者在最短時間內學到股市生存的關鍵法則，而且作者文筆非常流暢及生動，光是閱讀本身就是一種享受。

在投資初期，這本書幫助我對股市輪廓有了完整的認識，之後隨著經驗累積，每次重讀內容，總有不同的體會和領悟。事實上，當我現在回顧書中內容，發現自己所使用的投資觀念及策略，幾乎都與本書所強調的重點不謀而合。

比如作者在書中不斷強調，炒股不是科學，而是種「藝術」，沒有固定模式。投資人除了需要了解股票的基本分析知識外，還必須克服人性的心理障礙，即貪婪、恐懼、沒有耐心、自以為是等，更要學會如何管理資金（在股市下注）。

我也常強調，投資成功的要素不僅僅只是選股而已，還必須具備「3M原則」：心（Mind）、法（Method）、錢（Money），也就是「交易心理」、「分析方法」及「資金管理」。所以投資人平常除了研究投資策略外（法），還必須培養良好的投資紀律（心）、做好資金控管（錢），只有三者兼顧，才有可能當個成功的投資者。

又比如作者在描述如何買賣股票時，教大家重點在於找到股票走勢的「臨界點」，並且以各類圖形為範例，具體說明如何操作。此外還在書中不斷強調「停損」及「順勢操作」的重要，最後為大家總結歸納為兩句話，就是「截短虧損，讓利潤奔跑」（Cut loss short, let profit run!）。

反觀我所使用的「價值動能投資法」，也是利用「布林通道」（BBands）來觀察股價波動範圍及走勢，並且利用異常波動的出現（即臨界點），判斷買賣股票的時機，同時搭配順勢操作，達到長期大賺小賠的目標。

另外，作者在炒股成功的要素中，告訴讀者最重要的關鍵就是「保本」，也就是做好資金控管，學習如何在股市下注。每次入市前一定要自問「我虧得起嗎？」，最好只用本金的一小部分，再不斷提高入場獲勝機率，長期下來才能「久賭必贏」。

當我順勢操作時，進場前也會先預設停損點，了解自己每次能承擔的風險、最多損失的金額為何，並且用兩種資金管理方式來執行，即「二％準則」和「六％準則」。只有控制好每筆資金承擔的風險，避免出現毀滅性的虧損，投資人才有機會長期在股市穩定獲利。

總結來說，誠如書中所述，作者在研究世界各地的金融市場後，結論是他們的變化規則都一樣，「市場會改變，但人性永遠不變」，而當你了解背後的這些原理原則後，也就能掌握股市獲利的關鍵。

最後，作者自述這本書是他炒股多年的觀察及經驗之總結，他為書裡的每條規則都沒少付過學費，所以希望讀者都能因為讀過這本書而少付出些代價。

我讀到書中這段話時特別有感觸，為什麼呢？因為自從二〇〇八年金融海嘯後，股市開啟了長達十年以上的多頭行情，二〇一七至一八年更出現了台股史上最長的萬點行情。如此盛況自然吸引了散戶前仆後繼的投入，但很多人因為沒做好準備，輕忽股市的風險，因而付出慘痛的代價。

只要看到這幾年每逢股市大跌，網路論壇一定會出現滿滿的「畢業文」就可得知。我常在想，假如他們能在投資前就對股市有正確認識，學會書中的每條規則，應該就可以避免這種結果出現。

我很慶幸自己在投資初期能接觸到這本書，記取作者多年的經驗教訓，少走了很多冤枉路。也祝福各位讀者能跟我一樣，用最小的代價學會書中「炒股的智慧」，相信在未來的投資道路上，一定能走得更長久、獲利更穩健。

新修版推薦文二

股市新手的箴言錄，老手的共鳴曲

安納金（暢銷書《高手的養成》、《一個投機者的告白實戰書》作者）

《炒股的智慧》為市場上少數傳授「投資心法」的書之一，這也是我推薦此書的主因。作者提到他一生當中曾經從事過許多各式各樣的行業，但沒有一個行業比炒股維生更為艱難，原因就在於人性使然，如果投資人無法透過經驗的累積以及有紀律的反省檢討，就難以擺脫在股市當中不斷小賺大賠的命運。

作者提到了炒股並不是科學，科學必須能夠經過重複的試驗而得出相同的結論。而股市顯然多變，與科學的嚴謹邏輯截然不同，因此即便是金融學教授也很難透過炒股來賺錢，這與德國股神、《一個投機者的告白》作者安德烈．科斯托蘭尼（André Kostolany）的觀點一致。股市往往無法完全靠數據來解釋，有時候像是喝醉酒的醉漢，或者像個瘋子，聽到好消息在哭，聽到壞消息卻在笑，事實上，無論發生任何重大事件，對於股市會有何種反應，最重要的是人們對於事件的解讀，而且要視當時市場上多頭信心的強度而定，並不是有事件發生就一定會造成股市上漲或下跌。有時候有利多而股市大漲，但有時候相同的狀況發生而股市卻大跌，人們只好說是利多出盡；相反地，有時候利空造成大跌，但也可能是利空出盡而大漲。投資人必須有這一層的體認，否則一味地想要尋求一條簡單預測漲跌的公式，終將徒勞無功。

此書半數以上的內容被我歸類在投資心法，不過，此書也是傳授「交易技巧」的書之一，而且將重點擺在資金與部位的控管、風險的取捨與拿捏，儘管提到一部分技術分析，主要還是以大原則為主的判斷模式，並未在枝微末節上面著墨太多。對於想要在技術分析領域精進的讀者來說可能不合胃口，但我認為這本書是靠技術面交易者一本補足盲點的好書。

作者花了不少篇幅，以各種不同的角度闡述炒股的智慧，除了是老手自身的經驗談之外，也是集結了多位投資大師智慧在其中的綜合版，新手進入股市之前若能夠先讀過這本書，把當中的智慧箴言記下來、抄下來、放在桌旁時常翻閱，相信會是一個很好的起步。對於老手而言也值得一讀，透過作者的眼光，檢視和我們在投資生涯中的一切所見所聞，相信他的觀點將與您有不少的共鳴！

願紀律、智慧與你我同在！

新修版推薦文三

持續從股海提款的眞本事

許凱廸（台股暢銷書《生活投資學》作者）

我最欽佩的人莫過於「不斷從股市提款」的朋友，這代表著他們的投資經得起時間的考驗，擁有系統化的操作戰略，而非時勢造英雄。

《炒股的智慧》的兩大主軸是「人性」與「尊重市場」，這是市面上投資書籍很少著墨的部分。作者陳江挺一針見血指出股票並不是「科學」，成功的模式並無法一再重複，因為股海中唯一不變的事就是「改變」。這或許可以解釋為什麼很多大戶在股市中致富，卻也在股海中沉淪，因為太執著於過去的成功經驗而忽略了市場早已變化。切記，在股市中擊敗投資人的通常就是投資人本身，市場僅是維持它一貫無情的變化罷了。

但在股市中虧損其實並不可怕，最可怕的是不知道自己為何而勝，僥倖的成功經驗會讓投資人得意忘形。假如在這種類似賭博的過程中失敗，當局者的反應通常不是檢討，而是下更大的注想贏回更多，而結局通常是血本無歸。所以最重要的就是在投資中了解自己勝敗的「原因」，而非執著於「結果」。

那麼，該如何在股市中建立自己投資原則的依據呢？我特別喜歡《高手思維》作者萬維綱說的：「高手就是頭腦能並存兩個衝突想法的人。」市場上有一個現象是「價值投資」跟「技術分析」的界線非常清楚，前者只根據公司基本面下策略，後者只根據價量操作。實際上，長期成功炒股該有的智慧，應該是以基本面的價值投資為買賣參考點之依據，但投資人也必須尊重市場對股價的投票（價格波動）順勢操作。太多人在股市下跌到預設的合理價位時就全力買進，忽略了市場的聲音而深陷「套牢」。

《炒股的智慧》最重要的就是引領讀者如何投資成功，獲利的兩大金律就是「保本」與「不斷盈利」！多數人都知道後者但忽略前者，這種想成為贏家而非先避免成為輸家的心態是非常可怕的，會讓投資人深陷風險而不自覺。保本的兩大原則就是「快速停損」與「控制下注」（分批進場），考量自己的風險承受力與資金用途後再進場，才能避免被壓力干擾到你的投資判斷。

最後談到不斷盈利，本書作者從心態、價值分析與技術指標做了完整無私的分享，因此你現在該做的就是翻開這本書，有好的投資方向指引，獲利的可能性就提高大半。

《炒股的智慧》是一本任何類型投資人都該看的書，誠摯推薦給想在股海中持盈保泰的朋友們。

新修版作者序

沒有炒股的絕招，只有炒股的智慧

屈指一算，《炒股的智慧》已經面世二十年了！這些年承蒙讀者喜愛，獲得不少諸如「炒股經典」、「炒股聖經」之類的評語，我十分慚愧，也深懷謝意。人的生命就是個不斷學習的過程，自己專業於股票市場，對它的體驗隨時間推移而加深，有機會能將這個過程展現給讀者，深感榮幸！

股票炒作是個投機行為，同樣是投機行為的還包括就業的選擇、配偶的選擇、專業的選擇，以及其他所有有選擇的行為，這是因為你無法完全掌握最終的結果。如何思考投機行為其實是一門高深學問，聽起來很玄，但它是可以學習的，而本書講的就是股票投機的思考方式。這本書沒有炒股的「絕招」，只有炒股的「智慧」。

投機前輩傑西·李佛摩（Jesse Livermore）說過：「投機像山岳一樣古老，今天發生的一切以前都發生過，未來也將不斷發生。」借鑑前人的經驗是少繳學費的唯一方式。會一再重複發生的事情一定有跡可循，但股票市場的有跡可循並不是百分之百重複，而是一種機率的分布。因此，如何理解並利用這個機率的分布，就是炒股的挑戰了。

今天的投資人大都受過良好的教育，對股票的基礎知識，包括價值分析和技術分析，通常都不會感到陌生，然而一踏進股市，往往還是充滿無力感，無論怎麼鑽研價值分析或技術分析，都沒有把握能從股市賺到錢。事實上，從股市賺錢的能力最重要的並不是分析能力，而是順應能力；分析能力是基礎，在這基礎之上的順應能力則可能賦予你從股市賺錢的把握。希望讀者閱讀本書時把這個觀念放在心裡，並且盡可能在腦袋裡建構一個框架，也就是思考股票投機過程的各方各面，一旦你建構了這個框架，基本上就算入行了。透過本書的每一個章節，相信都能讓這個框架更加堅實。

順應的能力最主要的就是如何在操作時「順勢而行」！直覺上，順勢而行很容易接受，不外乎股票升的時候買、跌的時候賣，但實際操作時並不容易做到，這在相當程度上違反了人性，因為人總喜歡便宜貨。如何理解和實施順勢而行，是炒股的基本功，我在此次的新修版加強了這方面的論述。我相信，就算投資人對價值分析和技術分析毫無深研，若能做到順勢而行，想在股市虧錢都不容易。

此外，很少人提及關於股市的操縱，這其實是遊戲的一部分。理論上來說，操縱是違法行為，但很多時候並無法區分正常的股票買賣和股票操縱。作為股市的參與者，對於交易對手的心理有一定的理解是不可少的，而我在這個版本也加強了這方面的論述。

不過，很多人即使讀完一本炒股書，還是不知道該從何下手，我在這裡提供幾點建議，算是本書唯一可以具體實行的「絕招」：

一、不管是什麼股票，買股之前先看看兩百五十天平均線，只買兩百五十天均線以上的股票，而且最好在股價從兩百五十天均線之下穿越到 兩百五十天均線之上時買入。

二、進股後定出五至八%的停損。

三、只要股價在兩百五十天均線之上，那就坐等時機，因為有時可能連續幾年股價都回不到兩百五十天均線之下。一旦股價跌回到兩百五十天均線，立刻賣掉！

四、每一次出手不要超過本金的一〇%。

這些做法簡單實用，若投資人願意照著做，請記住一定要勇往直前，別替自己找理由。當然，投資人也可以用兩百天、一百五十天或三百天均線，中心思想就是在牛市時抓中間一段，熊市時則避開。

我早年讀金庸小說時就知道遠流出版公司，心嚮往之。今有機會與遠流結緣，深感榮幸，也謹此謝謝編輯陳懿文女士。

炒股的智慧

教你持續、長期、穩定買股，
讓錢自然流進來

炒股的智慧｜目錄｜

教你持續、長期、穩定買股，讓錢自然流進來

前言

我是職業投資人

我靠炒股維生。

這是一本寫給有心成為炒股專家的人的書，如果你炒股的目的是業餘消遣，這本書並不適合你，因為按照本書所說的去做，你將失去「小賭怡情」的樂趣。

想成為炒股專家，你需要專心致志、廢寢忘食地學習和實踐。這和成為其他行業專家的要求並無兩樣。想要成功，聰明、努力、經驗和運氣缺一不可。**運氣往往偏愛最努力的人，而不是最聰明的人。**

這本書不只談股票

這不是一本股票常識簡介，因為我期待這本書的讀者已具備這方面的基本知識。我還期待讀者有一定的炒股經驗。不把錢押在股市，你就無法體驗到股價起落所帶來的貪婪、恐懼和希望，也就很難明白這本書所提供的炒股規則。

話說回來，雖然這本書是為炒股所寫，我相信書中闡述的原理適合任何行業。成功的人士往往具有很多相似的素質，如果你具有炒股成功所需的素質，我相信你在其他行業也一樣能獲得成功。

必須承認，炒股只能算是金融行業的一個分支。股票上市的目的不是給大家炒作用的。股票上市是公司把股權的一部分出賣，籌集資金用來擴大生產或其他用途。在公司成長過程中，股東們共同享用成長的果實。但公司經營有好有壞、有盈利有虧損，股價的反應就是有升有跌，由此提供給炒手們賺取差價的機會。由於牽涉的金額數目巨大，自然吸引各路英雄豪傑都來大展身手。

雖然股票業也有大小「鱷魚」，總的來說，這個行業是健康的。股票大市的走向反映了一個國家或地區整體經濟的發展。長期而言，投資股票是保持現金購買力的最佳管道。

親身的體驗和觀察

金融是龐大的行業，影響股價波動的因素數之不清，有關的知識也列之不盡。要寫本炒股的書，如何選材、從什麼角度寫，很不容易決定。我如果也在「著」前加個「編」的話，這一「編」可能會把這本書編到經濟學大辭典那麼厚。我不喜歡大厚本子。這本書寫的都是我的親身體驗和觀察，都是我認為和炒股有最直接關係的知識。我期待讀者每次在炒股中犯了錯以後，或多或少能在本書中找到犯錯原因，找到不再犯同樣錯誤的答案。最起碼，知道什麼是錯誤的。

犯錯並不可怕，可怕的是不知自己犯了錯，知錯卻不肯認錯就更加不可救藥。

無論想在什麼行業成功，你需要有成功的欲望，以及實現這個欲望的知識和應用這些知識的毅力。我將一步步告訴你在炒股中做到這些的方法。

我在美國生活了三十五年，和來自全世界的不同種族和文化背景的人打過交道，結論是人性共通。我在商學院學的專業是國際金融，研究過世界各地的金融市場，結論是它們的變化規律都一樣。

你學會了炒股的技能，就真正掌握了走遍天下都不怕的一技之長。**這本書沒有任何理論和公式，它是我炒股三十年來的觀察和經驗總結，其中二十五年我專職炒股。這本書裡的每條規則，我都沒少付學費，希望讀者們能因為讀了這本書而少付些代價。**

有些人把炒股當成投資，有些人把炒股當成投機。記得英國銀行家歐內斯特・凱索爾（Sir Ernest Cassel）是這麼說的：「當我年輕時，人們稱我是投機客，賺了些錢後，人們稱我是投資專家，之後再敬我是銀行家，今天我被稱為慈善家。但這幾十年來，我從頭到尾做的是同樣的事。」我找不到比這更好解釋「投資」和「投機」的語句。

買股容易，賺錢難

在股市偶爾賺點錢很容易，真正的困難在於「如何不斷地從股市賺到錢」。炒股也是一個行業，任何行業之所以能夠成為行業，是因為它可以不斷的提供入行者收入來養家糊口，否則便不可能成為一行。養豬是一行，種菜是一行，炒股也是一行。炒股這行的特點是入行極其困難。看看你周圍的朋友，入行容易的行業通常辛苦，報酬也低；而那些入行困難的行業，一旦成功入了行，你以後的日子往往很好過。炒股就是這樣的行業。

有些人一入股市便撈了幾個錢，他們通常會認為炒股很容易，但我得說這是錯覺。說白了這只是初學者的運氣，這些錢是股市暫時「借」給你的，它遲早會把錢收回去，不信的話你就等三年看看。**只有在你成為專家之後，才可能不斷地從股市賺到錢並把錢留下來。**

這本書將教你如何做到這一點。

對還未入行的人來說，炒股是壓力極大的行業。**因為賺錢時，你不知自己為何賺了錢，也不知下次要如何做才能重複賺錢的經歷；虧錢時，你不明白自己為何虧錢，下次又要如何做才能防止再度虧錢。我希望你能在這本書中找到解決這些問題的答案。**

想在炒股這行成功，其中並無祕訣，和炒股直接相關的知識其實也不多，否則街角賣茶葉蛋的老太太不可能偶爾也在股市露一手。至今，我還未見過賣茶葉蛋的老太太偶爾客串設計衛星導彈。

股票不是上就是下，否則就是不動。我想像不出股票還有第四種運動方式。阻礙一般人在這行成功的不是股票有多麼複雜，而在於人本身有很多缺點。

各章重點提要

第一章〈炒股的挑戰〉，就是談股市的特性及它對人性的挑戰。

第二章〈股票分析的基本知識〉，講一些和炒股最直接相關的知識。讀者應帶著兩個疑問來讀這一章：

一、什麼是影響股價的因素？

二、股票在什麼情況下正常運動？

這一章包括三個部分：價值分析、技術分析及股票的大市。當這三部分的分析都給你正面信號時，就是你在股市勝算最大的時候。

第三章〈炒股成功的要素〉，談成功的要素。這一章將告訴你，若想要炒股成功應該做的事以及如何做到，還告訴你應具備何種心理素質。知道方法並不難，難就難在如何完整地去實踐。

第四章〈何時買股票？何時賣股票？〉，在這一章你看不到「低點買入要謹慎，高點賣出不要貪」之類的廢話，什麼時候才是低？高到多高才是高？空想出來的炒股絕招沒有什麼實用價值。買賣股票的重點在於如何尋找「臨界點」。不同的投資策略需要不同的買賣思維，你將了解什麼是正確的思路。

第五章〈華爾街的家訓〉，英國科學家牛頓（Isaac Newton）說：「我之所以能看得更遠，是因為我站在巨人的肩膀上。」在這一章，讓我們看看炒股這行的前輩給我們留下了什麼經驗。投機像山岳一樣恆久，等到你也成為行家，你的經驗大概也類似。

第六章〈如何為自己做好心理建設？〉，這一章談心理建設。人性中根深柢固的恐懼、希望、貪婪影響著我們所做的每一個決定，使我們常常做不到自己該做的事。要完全克服人性中的弱點很困難，但我們首先必須知道人性弱點是什麼及正確的做法。

第七章〈抓住大機會〉，分析大機會的定義及其特點。這一章並非單純地談股票。

第八章〈善戰者無赫赫之功〉，將告訴大家為什麼以及如何分散風險。大家在前面的章節中學習了如何提高在股市的勝率，也學習了人是在股市應有的心態，透過這一章，你將學習到如何以預期回報來調節資產配置。我會告訴大家炒股這一行的最後成功者通常不行險鬥狠、孤注一擲，他們都是不斷累積小勝成為大勝，最終達到財務自由。

第九章〈和炒手們聊聊天〉，在這一章我回憶了我的學習歷程。如果人性共通的說法沒錯的話，你的學習之路應該和我相似。希望你在學習投資股票的掙扎過程中，因為有了路標能更平順一些。

在今天，我看到很多人為金錢不擇手段。而這本又是教人如何賺錢的書，不在附錄加點「金錢的反思」，讓我覺得這本書不夠平衡。如果因為這篇附錄能使讀者對人生有更進一步的認識，我會覺得努力沒有白費。

最後，謝謝你讀這本小書！

楔子

三則故事

第一則：年輕人的故事

從前有位鄉下青年讀了點書，嫌鄉村的生活單調，決定要去城裡闖天下。臨走時他向村長請教，村長給了他三個字的忠告：「不要怕」。並說等他回來時還有另三個字相贈。

三十年後，飽經風霜的青年帶著滿頭白髮決定還是回到鄉村生活。回來時，得知當年的村長已死，心中悵然若失，不知村長另外要贈的三個字是什麼。後來村長兒子轉交給他一個信封，說是長者臨死前囑咐交給他的。信裡只有三個字：「不要悔」。

第二則：賭博的故事

這是則老故事。中國以前流行賭骨牌。骨牌從一到三十六總共有三十六個數字。賭客任押其中的一個數字，莊家開牌只開一個數字。如果被賭客押中的話，一賠三十五。

有位老賭客很久都沒有贏過。有一天，他拿了三十六個賭注入場，告訴莊家說：「我不想再賭了，但在我收手之前，我一定要贏一次。今天我拿了三十六個賭注入場，從一押到了三十六，我不可能一個數字都押不到，明天我就收手不賭了。」講完他就去上廁所，半路從他的懷中掉了一個紅布包好的賭注，莊家趁賭客沒注意，偷偷把這一注收起來，打開一看是十二。

賭客從廁所回來，把他的賭注全部擺上檯面，但只有三十五注，另外一注怎麼都找不到。他搔著頭皮說：「奇怪，我明明帶了三十六注來，另一注掉到什麼地方去了？會不會留在家裡沒帶來？」但因莊家開牌在即，回家一趟已來不及，他便說：「算了，只差一個數字，應該不會有太大關係。」

莊家決定這一次開十二，賭桌上的人全注視著擺在桌上的三十五個小紅布包，打開第一個包，押十二，第二個包，押十二……三十五個小紅布包全押十二！莊家就此破產。

第三則：小偷的故事

從前有個人以偷竊維生。這個小偷的兒子有一天對他說：「爸爸，我要像你一樣以偷維生，你教我怎麼偷東西吧！」小偷看著兒子那副尖嘴猴腮的模樣、好逸惡勞的個性，心想：這個孩子若不學會偷竊，日後或許會餓死，於是他便答應了。

一天晚上，小偷帶著兒子到了一棟大房子前，在牆上挖個洞爬進大房子。他們找到儲藏間，小偷便叫兒子進去找些值錢的東西。兒子一進去，小偷便在外面將儲藏間的門鎖上，同時跑到天井大喊大叫吵醒這家人，隨即小偷從牆上的洞溜了出去。這家人知道遭了小偷，全都出來查看。當他們看到牆上的洞，以為小偷已經溜走了，此時主人叫傭人點上蠟燭，到儲藏間查看是否不見了東西。

小偷的兒子在儲藏間千萬遍地咒罵他爸爸，當他聽到有人要到儲藏間查看，更是嚇得腿都軟了。但他沒有辦法，只好躲在儲藏間的門後。傭人一打開儲藏間的門，小偷的兒子衝出來，一口氣吹熄蠟燭，推開傭人，拔腿就跑，這一家人大呼小叫地在後面開始追。在逃跑的路上，他看到有口池塘，便拾起一塊石頭丟到池塘裡，在這家人圍在池塘邊尋找偷兒「屍體」的時候，小偷的兒子已回到家裡。

他正想指責爸爸的殘忍，爸爸已先開口：「兒子，告訴我你是怎麼回來的？」聽完兒子的經歷，小偷說：「孩子，你已學會如何偷東西了。」

朋友，你開始看這本書，準備玩全世界最刺激的遊戲並想要成為專家時，我要給你這樣的忠告：**不要怕，也不要悔；玩遊戲之前，先搞清楚遊戲規則，面對人為操縱的賭局，一定要摸清對方的心理。最後提醒你，小偷的本事不在「偷」，而在「危急的時候如何逃」。**

第一章

炒股的挑戰

股市給人以錢賺錢的機會。

然而這個「有經驗的人獲得很多金錢，

有金錢的人獲得很多經驗」的地方殺機四伏，

想要偶有斬獲雖然不難，要頻頻得手並非易事，

而以此維生則更是對自我和人性的挑戰。

股市給人以錢賺錢的機會。對那些胸懷大志者，股市簡直就是一塊福地。然而這個「有經驗的人獲得很多金錢，有金錢的人獲得很多經驗」的地方殺機四伏，想要偶有斬獲雖然不難，要頻頻得手並非易事，而以此維生則更是對自我和人性的挑戰。

如果要我用一句話來解釋為何一般投資人敗多勝少，那就是：人性使然！

說得清楚一點，就是這些永遠不變的人性——討厭風險、急著發財、自以為是、趕潮跟風、因循守舊和耿於報復，這些人性使得投資人難以避開股市陷阱。說得簡單些，就是好貪小便宜、吃不得小虧的心態，使一般投資人幾乎必然地淪為輸家。

第一節

炒股與人性

俗話說，賺錢只有三個方法：用手，用腦，用錢。

用手賺的是辛苦錢，用腦賺錢的已算是人上人，真正的賺錢是用錢賺錢。用錢賺錢，聽來多麼吸引人，誰不想用錢賺錢？但用錢賺錢的先決條件是「必須有錢」，其次是你有相關知識可用來錢賺錢。

股市就提供了這種完美的機會。

炒股不要求你有很多錢，大有大做，小有小玩。它也不要求什麼了不起的學識，非要學上三年五載才能買股票。股票市場給了所有像我這樣的窮人家孩子，一個用小錢就能以錢賺錢謀生的場所。

我自己的經歷比較複雜。我是中國少數經歷土插隊和洋插隊雙重插隊的人❶。我養過牛，種過地，曾在工廠做過機械工程師，也在報社做過記者，在美國的餐館做過多年跑堂，也曾在大財團擔任投資分析員、銀行的貸款專員，還拉過人壽保險，也曾是有牌照的地產交易經紀人。**在我這麼多的經歷中，沒有一個行業比炒股維生更艱難**。

誰能在炒股這一行生存？

我有十幾位朋友試圖要跟我學習專職炒股。他們覺得炒股不必看老闆臉色，不需要定時上下班，不用在辦公室爾虞我詐。想想看，炒股維生或專職炒股多有吸引力呀！我的那些朋友不是碩士便是博士，智力高超可說是毋庸置疑，可惜的是，毫無例外地，他們在這行只生存了幾個月！

在他們開始學習炒股的初期，我總是將我所知傾囊相授，因為這行其實根本沒有祕密，

❶毛澤東時期，中國政府將知識份子下放農村勞動，稱之為「土插隊」，後來作者至美國餐館跑堂、洗碗，做這些勞力工作，稱為「洋插隊」。

他們可以隨時打電話給我，得到我的幫助。但是他們都失敗了，在股票學校繳了學費卻畢不了業。我常想，這些絕頂聰明的朋友具有「學什麼會什麼」的天分，可是為何在這行無法生存呢？

隨著時間的推移以及閱歷的增加，我慢慢感悟到這些聰明人會失敗的原因大約可以歸結兩個：

一、炒股的技能太活了。

二、他們太聰明，可以選擇的工作太多。

炒股是有技術的。二十世紀的美國著名投資專家丹尼爾・朱爾（Daniel Drew）有句名言：**「股票市場是有經驗的人獲得很多金錢、有金錢的人獲得很多經驗的地方。」**炒股的技術來自於經驗的累積，這一累積過程是艱難且痛苦的，那些懶惰的人、不願動腦的人和只想快速發財的人，在這行沒有生存空間。

和其他行業不同的是，**炒股這行的技術不是死的，它靠的是一種「心態」，看不見摸不著的「心態」**。

你只能用心來感悟它。你學習修車，輪胎壞了換輪胎，煞車壞了換煞車，只要熬的時間夠長，你就會成為修車專家。換輪胎、換煞車都是看得見摸得著的東西，上次是這麼換，下次還是一樣。

股票可就不同了，上次出這個新聞時股票升，下次出同樣的新聞時股票可能跌。你如何知道股票會升會跌？靠的就是感覺——你必須有「何時股票運動正常，何時股票運動不正常」的感覺。

可是現實生活中，無人能夠精確地推斷股票的下一步動向。

無論你研究股票多少年，唯一能做到的就是提高預測準確性的機率，一〇〇%正確是絕對做不到的；股票雖然只有兩個方向，但它什麼時候、往哪個方向運動完全無法確定。**一般人對任何不確定都充滿恐懼，坦然接受不確定的未來是一種對人性的挑戰**。

人性與經驗

讓我舉個例子解釋「心態」是什麼東西。廣東有句俗語叫「傻瓜次次不同」，意思是說上當受騙的情形每次都不一樣。我聽過、看過、讀過很多騙人或被騙的故事，騙人的花招往往不高明，被騙的人也不蠢，但大同小異的故事總是不斷發生。

我曾細細探討過原因，結果發現上當受騙者往往有一共同特點：「貪」！想不勞而獲。這個「貪」就是心態。你可以教他很多招式，例如下次碰到什麼情形不要相信等等。但只要他不改「貪」的心態，一定還會上當受騙，騙子的花招總比他的防招來得多。你要教他「不貪」，你幾時看過「不貪」的人被騙？其實「不貪」也是一種心態。

「貪」是人性，「不貪」是經驗。你不可能叫一個人不貪他就不貪了。他要吃很多虧、上過很多當才會明白，不貪是不再吃虧上當的靈丹妙藥。

炒股也一樣。你很快就會讀到，炒股的最重要原則之一便是「停損」。**但人性是好貪小便宜，不肯吃小虧，只有不斷地因為貪了小便宜卻失去大便宜、不肯吃小虧最終卻吃了大虧，最終你才能學會不貪小便宜、不怕吃小虧。**

可以這麼說，學習炒股就是克服「貪」等與生俱來的人性，以及養成「不貪」等後天經驗的一連串過程。

這個學習的過程不像一般人想像得那麼簡單。

好貪小便宜、不肯吃小虧是心態，不貪小便宜、不怕吃小虧也是心態。要實現這種心態的轉變，就得戰勝自己。戰勝自己可不是件容易的事，這也是聰明人常常學不會炒股的原因。他們能夠戰勝自然，但他們往往無法戰勝自己。

須有破釜沉舟的決心

我這些受過良好教育的朋友都做了理智的選擇。他們及時放棄了不知明天能不能賺到錢、也不知未來有無可能賺到錢的炒股行業，今天都在有固定收入的行業朝九晚五。他們都是專業人士，都在值得尊敬的行業工作。但也因為他們有這樣的選擇，就決定了他們炒股的命運。

我自己的兩個碩士學位分別在工程和金融領域，這兩個學科的朋友很多。人人都想炒股，但還未看到成功的人出線。所以我只能對這兩大行業的讀者朋友們說：你們可以選擇研究股票維生，也可以選擇教別人如何炒股票維生，想選擇自己炒股維生的話，首先得要三思，你們的選擇太多，所以成功機會不大。但是你們如果能鐵了心決定戰勝自己，那麼你們遲早能成功。

我是過來人，這幾年來我一直在華爾街以炒股維生。坦白說，我之所以能熬過來，實在是因為不願在洋人的地方看洋老闆的臉色、為了五斗米折腰，我也不願如一般華僑靠炸雞翅膀維生。我熬下來的原因是因為「沒辦法」。不過回過頭想想，真正艱難困苦的時期其實很短暫。

人有很多缺點，這些缺點的形成有的可說是動物本能，有些是長期生活中培養出來的習慣。股市有它自己的特點。在股市中，人的缺點無所遁形。以下讓我們探究一下股市的特點，以及一般人難以在股市成功的原因。

第二節

特殊的賭局

股票充滿誘惑性

什麼是股票？它代表著上市公司的一份子。

股票的誕生依賴其所代表的企業資產。但股票一旦出生、脫離了母體，它就有了自己的生命，不再完全依賴母體了。

一頭母豬現價一百元，分成一百股出賣，每股應是一元。這是一般小學生都不會算錯的題目，但出現在股市就會開始走樣了。

假設將這頭母豬註冊成鳳凰大集團，發行一百股鳳凰大集團的股票，你認為鳳凰大集團的股票每股值多少？如果將這些股票上市，你認為鳳凰大集團的股票會以什麼價錢交易？答案是它既可能以每股一毛錢的價格交易，因為投資人認為母豬會老、會死，但也可能以每股上百元的價位交易，因為他們也會想像到母豬每半年能生十隻小豬，而小豬長大後又會生小豬，真是財源滾滾，永無止境！

只要養這頭母豬的張嫂，也就是鳳凰大集團的張董事長，在鳳凰大集團的公司介紹寫上集團從事的是「飼料購銷、良種培育」之類挑戰性的業務，不要只將集團資產說成一頭母豬，另外還要說服投資人相信這頭母豬的生育能力奇強，而張董事長的經營管理能力又非常優秀！如此一來，鳳凰大集團的股票被炒到上千元也不奇怪！

到底股價和股票所代表的價值有什麼關係？

沙丁魚罐頭的故事

華爾街流傳這樣的故事：兩位炒手交易一罐沙丁魚罐頭，每次交易，一方都以更高的價錢從對方手中買進這罐沙丁魚，不斷交易下來，雙方都賺了不少錢。有一天，其中一位決定打開罐頭看看，了解一下為什麼一罐沙丁魚要賣這麼高的價錢？結果他發現這罐沙丁魚是臭的。他以此指責對方賣假貨。

對方回答說：「誰要你打開的？這罐沙丁魚是用來交易，不是用來吃的！」

讀者們若有耐心讀完第七章〈抓住大機會〉，就會對股票及股價的特性有更深的了解。

股票的迷惑性不在於股票的價值，而在於它為炒股者帶來的幻想。

你時刻面臨著行動選擇

股市就像恆久的賭局，它沒有開始，也沒有結束。

股票永遠在動，只要有人以比上個交易價更高的價錢買股票，股票價格就會升一點。相反地，有人願意以更低的價格賣股票，股價就跌一些。上上下下就如同波浪，看不到頭，也看不到尾。

到賭場去賭錢，你可以知道何時賭局開始，因為莊家會告訴你該下注了。你也知道賭局何時結束，當全部的牌一翻開，這個賭局就結束了。你很清楚輸多少、贏多少。在股市下注，你直接面對何時進場、何時等待、何時出場的決定。沒有人告訴你進場的時間，也沒有人告訴你離場的時候，所有的決定都要自己做，每個決定都如此艱難，也都沒有規則可循。你不知道這一注下去的輸贏，賭注的數額也必須由你決定。

所有的決定都令人生畏。

你決定進場了，幸運地你有了利潤，股價升了。你馬上面對一個問題：足夠了嗎？你如何知道股價的波動不會一波高過一波？不幸地，股價跌破你的買價，你也面對一個問題：虧多少錢？更要命的是，你不知道它是不是暫時下跌、即將反彈。如果最終有可能得到勝利，為什麼現在要承認失敗？

在股市這恆久的賭局中，你每時每刻都面對這些決定。

更重要的是，在股市的這些選擇並不僅僅是腦子一轉，而是必須採取一定的行動，才能控制資金的命運。不採取行動，你的賭注永遠都在檯面上。而「行動」二字對懶惰的人來說，是多麼令人厭憎的字眼！

問問你自己喜歡做決定嗎？喜歡獨自為決定負全部責任嗎？對九九%的人來說，答案是否定的。股市這一恆久的賭局卻要求你每時每刻做理性決定，並且為決定的結果負全責！這些就淘汰了一大部分投資人，因為他們沒有辦法長期承擔這樣的心理壓力。

大出所料的損失

這一恆久變動的股市還有一個致命特點：它能使你虧掉比預期要多得多的錢。即使你什麼都不做，也可能使虧損不斷增加。在賭桌上，每場遊戲你最多失去所下的注；你在下注之前，就很清楚自己準備失去這個數目。在股市，它把你的下注拿走一些，又給回一些，有時多些，有時少些。你說該如何是好？過程中，你原先預估最多只虧一百元，但最終可能虧五百元。**因為股票這個遊戲沒有終止的時刻，沒有人告訴你遊戲結束了。**

它從不結束，除非股票停盤。

在賭場裡，每場新的賭局都有新的開始，並且自動結束。基本上，勝負的結果由機率決定。你如果不想輸錢，下一手不下注就行了。只要你不動，本金就不會減少。

對坐在賭桌上的賭徒來說，不下注是很困難的，因為新的賭局就是新的機會，你很少看到賭徒願意錯失新的機會。雖然不入場不容易，出場卻很容易，無論贏或輸，遊戲結束時就自動離場了，你在理智上不需要做任何判斷。

使投資人蒙受超出預期損失的第二個原因，則是吃不得小虧的心理，具體分析見下節。

第三節

一般投資人爲何失敗？

從技術的角度探討一般投資人失敗的原因，自然可以歸納出好多條，我這裡僅從人性的角度，用心理分析來看看，一般投資人為何會宿命般地遭遇失敗的命運？

炒股不是科學

炒股有一個十分特別的地方！**炒股不是科學**。科學要求能夠重複，但是股價的變動從來不會重複，最多只有百分之多少的相似度！二〇％的相似和八〇％的相似，看起來可是兩碼子事！

我自己早年研讀機械工程，剛開始研究股票時，自然而然地採取科學方法。浪費很多時間後，才明白研究股票採用科學的方法有問題——找不到答案！科學需要能夠重複，不完全重複的東西無法用科學的方法研討。我們從小學習的數學、理化都是科學，我們的思維通常都被科學的思考方法固化了！我們在股市尋找重複，也認為股市應該重複。

浪費很長的時間之後才明白，原來股市不完全重複。和股票相關的一些知識，例如金融分析等等很像科學，一旦試圖應用這些知識，往往發現難度相當高！很多學校有金融專業，這麼多人靠研究金融或教金融維生，但有多少金融學教授靠炒股賺到錢？理論上，這些金融學教授應該是社會上最富有的一群人，但事實上，他們之中僅有少數人能成為股市的成功者。股市的成功者需要金融知識，但金融知識無法直接在股市轉變成財富，這其中需要轉換成另一種思考模式。

重新學習一種思維方式，是用哲學和藝術的思維方式來面對不確定，再應用機率分析應對之，並不如想像中那麼容易。我們從小學習科學的思考方法，在股市中卻往往淪為成功的障礙。

討厭風險

紐約有位叫夏皮洛（Dr. Shapiro）的心理醫師，他主持兩個著名的實驗。

實驗一：

參加實驗的人有兩個選擇：選擇一，有七五％的機會可以得到一千美元，但有二五％的機會什麼都得不到；第二，確定可以得到七百美元。

雖然一再向參加實驗者解釋，從機率上來說，選擇一能得到七百五十美元，可結果還是有八〇％的人選了選擇二。大多數人寧願得到的少一些，也要確保擁有一定的利潤。

實驗二：

參加實驗的人有兩個選擇：選擇一，有七五％的機會付出一千美元，但有二五％的機會什麼都不付；選擇二，確定付出七百美元。

結果七五％的人選擇了第一個。他們為了博得二五％什麼都不付的機會，從數字上來看卻多失去了五十美元。

問問你自己，如果你是參加實驗的一員，你會做什麼樣的選擇？

股票是一場機率遊戲，無論什麼樣的買賣決定，都沒有百分百正確或不正確的答案。從以上實驗結果可以得知，**人性中避免風險的天性在機率遊戲中扮演重要的角色**。

因此，投資人貪圖眼前小利，買進的股票升了一點，便迫不及待脫手。這檔股票或許有七五％繼續上升的機會，但為了避免二五％什麼都得不到的可能性，投資人寧可少賺些。結果是可能賺五千元利潤的機會，你卻只得到五百元。任何炒過股的人都明白，要用較出場價更高的價位重新入場是多麼困難。股價一天比一天高，你只能當個旁觀者。

而一旦買進的股票跌了，投資人便死皮賴臉地不肯停損，想像出各種各樣的理由說服自己「下跌只是暫時的」。但其實只不過是為了博得那二五％可能全身而退的機會，結果卻讓小虧慢慢累積成了大虧。

每次我看到中文「套牢」、「認賠了結」等英文所沒有的詞彙都要拍案叫絕。發明這些名詞的人真應該得諾貝爾文學獎，這些詞語對那些不肯停損的投資人的描繪實在太貼切了！

假如股票的運動只有上、下兩種走向，所以每次買股的盈虧機會原本各是均等的五〇％的話，對一般投資人來說，由於人性好貪小便宜、吃不得小虧的心理，使得贏時賺小錢、虧時虧大錢，炒股便成了輸贏機會不均等的一場遊戲。

股市沒有擊敗你，是你擊敗了自己。

太急著發財

我讀過很多投資家的傳記，在他們成為「專家」之前，往往都有破產的紀錄。例如「投機之王」傑西．李佛摩（Jesse Livermore），他便有三次破產紀錄。導致他們破產的心理因素通常只有一個——太急著發財，表現在具體行為上就是「賭注下得太大」！

我剛開始學股的時候，知道自己什麼都不懂，在炒股上還是比較謹慎的，不敢每手下注太多。一年後覺得自己懂了一點，野心就開始大了一些，每次入市，我便有個期待：「這支股將改變我的生活方式。」

讓我解釋一下「改變生活方式」的意思。金錢有個量變到質變的過程。假設你今天手頭多了一萬元，你用錢的標準便會鬆動些，也許上餐廳多吃兩頓大餐，但你仍將住現在的房子，坐同樣的公車，因為這一萬元不足以改變你的生活方式。現在假設你手頭多了一百萬元，你可能會買更大的房子、買輛車子及其他以往想要卻沒買的東西。這就是量變到質變的過程。

野心一旦大了，行動就開始缺少謹慎。首先我每次買股買得太多，其次停損停得太遲，因此遭受巨大損失。

因為這種對改變生活方式的期待，我在市場盡量收集對自己有利的消息，忽略對自己不利的消息，特別是在股價變化和預期不符合的時候，這樣的欲望更是強烈。

我常常思考為何會有這種感覺，或許是因為股票輸贏的不可預測才會導致這樣的心理。如果在賭場，每次下注你都很清楚輸贏是多少，運氣不好，你下的注全沒了，運氣好，你也知道能贏多少，你沒有任何幻想。但在股票市場，你無法預測股票會朝某個方向走多遠，股票可能翻一倍，也可能翻十倍。由於這種「賺大錢」的可能，你失去了心理防備。

帶著「賺大錢」的心理入場，你的注會下得很大。如果不幸虧損，要接受「虧很多錢」

的現實很困難。隨著虧損一天天增加，你的正常判斷力開始慢慢消失。直到終於無法承受巨大的損失，只好斷腕認賠了結。事情演變至此，你蒙受了一般情況下不會發生的大損失。

股票市場還有一個很大的陷阱，那就是「融資炒股」。

融資放大了資金的能量，在順境的時候當然可以增加報酬，但市場不順的時候，融資可能讓你蒙受超出自身承受力的損失。然而帶著發大財的心理入市，很少人能夠抵抗融資的誘惑。資產的上升沒有上限，靠融資賺到的額外報酬擁有極大的吸引力，讓人欲罷不能。想勸贏家收手根本不可能，只會愈做愈大，最後很可能在融資的槓桿之下，連本帶利地加快還給股市。

這種賺大錢的可能性以及賺大錢之後的生活方式、虛榮心及權力的幻想，極其危險。這些可能有機會發生，但在現實中並不容易實現，你需要擁有豐富經驗及絕佳自制力。

自以爲是

大家都知道股價總是起起落落，當股票以某一價格收盤時，你有沒有思考過它代表了什麼？它代表了股市的參與者在今天收市時對該股票的認同。

任何一個交易都有買方和賣方，你買的股票都是某人賣給你的，交易所只是提供了一個交易的場合，只要在特定的價格上，兩位股票參與者一位願賣、一位願買，他們的交易就完成了，價格也就這樣確定。以你的想像來看，無論他們多麼無知、多麼愚蠢，他們在某個價位交易是事實，你不能和事實爭辯。你或許認為股票不值這個錢，不過就是有人以這個價錢買了股票。除非你有足夠資金，壓倒股市中所有和你意見不合的人，才可以按自己的意志安排股票的交易價格。否則，你的想像、你的判斷、你的分析，都不能移動股價一分一毫。

無論你對價值的判斷是基於多麼精準的科學分析，但若股市的大多數參與者不認同你的看法，股價將隨大多數人的意志而波動。

我在這裡要特別指出，在炒股這行，傳統的對錯不存在，或是說無意義。無論你的智商多高、擁有什麼學位、多麼德高望重，你在炒股這行並不具備其他領域的重要身分。投資大眾及他們對未來的看法是影響股價的唯一力量，他們用交易證明自己的信念。你的看法可能影響一部分投資人，但在他們用自己的現金認同你的看法之前，你所說的一切一文不值。

對股市的觀察者而言，每個交易及其對股價的影響提供了未來走勢的資訊。你如果能從這些資訊中找到意義，便能提供低買高賣的機會。每位投資人都有他買或賣的理由，無論這個理由在你看來多荒謬。如果大多數投資者抱持類似理由，結果是股票隨著大流而動。你可能說對了，但是你將因為沒跟上大流而虧錢。

股價就是股價，無論你認為這檔股票值多少錢，無論你認為股價和股值是如何脫節，股價永遠是對的。作為股市的一員，你首先必須是觀察者，透過觀察來感受股價的走向，透過觀察來尋找機會，然後成為參與者，投入資金實現這個機會。你常常面對兩個選擇，那就是選擇正確或選擇賺錢，在股市，它們經常不一致。

不要太固執己見，不要對自己的分析抱持太大信心。認真觀察股市，苗頭不對就認賠殺出。否則，你在這一行的生存機率不大。

人云亦云

作為單一投資者，你要決定入場的時間，決定持股的時間，決定出場的時間。而股市就像海洋，它永不停息，沒有始點，沒有終點，每個浪潮的方向都難以捉摸。雖然它有漲潮、有退潮，但漲潮時有後退的波浪，退潮時有前進的波浪。

總歸一句話，**股市沒有既定的運行準則**。

要想達到盈利的目的，你必須建立自己的規則。否則，太多的可能會使你無所適從，其結果將會是一場災難。困難的地方在於，**你必須建立一套自己的規則，並完全為這些規則負責，這是極大的責任**。

承擔責任是一般人所畏懼的，看看你身邊發生的事件就不難明白，一旦有任何差錯，張三怪李四，李四推王五。而在股市出錯又是如此容易。

對那些還不完全了解股票運動規律、未能明白在不同情況下應該如何應付的新投資人來說，建立自己的規則絕非易事。因為它必須建立在學識、經驗、自我判斷等因素之上，況且沒有人能立即建立完美的規則，特別是在你對該遊戲的特性和對風險的承受力還沒有合理評價時，你必須不斷修改這些規則，承擔執行這些規則的後果。

但新投資人既然要投入股市，成為股市大軍的一員，他們通常不具備制定規則的能力，也沒有承擔後果的心理準備，那他們自然就只能選擇「跟隨領袖」。這些「領袖」可能是隔壁的髮廊設計師，也可能是樓上的裁縫，理由多半是他們「炒過幾年股票」、「曾賺過錢」。這樣，這些新手就輕易略過決策難題，如果結果是失敗的，他們也有了代罪羔羊，他們會對他人說：「樓上的王裁縫真是差勁，害我賠了一筆！」這就是所謂的「人好跟風」及後果。

有一天，朋友打電話給我，說他準備賣掉手中的所有股票。我問他：「為什麼？」「昨晚走路摔了一跤，從來都沒這麼倒楣過！」我心想，它們之間有什麼關聯嗎？但我還是說：「想賣就賣吧，反正不賣你也睡不著覺。」

我明白他為什麼這麼想，因為我也有過類似經驗。一位缺少計畫的投資者，他的輸贏是隨機的。如同拋硬幣，無論你如何猜測，還是不知道下一次丟出的是正面還是反面。在股市上，上回賺了錢，他不知道為什麼，也不知下回如何做才能重複賺錢的愉快經歷。虧了錢，他也不明白為什麼虧錢，下次該如何做去防止再次發生虧損的情形。這必然會產生極沉重的心理壓力，這些炒股所帶來的憂慮、期待和恐懼難以用筆墨形容。他覺得自己失去了控制，在股市的海洋中毫無目的地漂流，不知下一站是何處。

你曾有過類似的經歷嗎？

解決這一問題的唯一方法就是學習，慢慢建立自己對市場的感覺，不要跟風，不要人云亦云，一定要建立自己的規則。而你現在正在看的這本書將會教你怎麼做。

因循守舊

平常上街，出門看到的仍是熟悉的房子、熟悉的街道。就算是改變，例如鋪馬路也是緩慢的。我們去上班，走的通常是熟悉的路，辦公室的模樣相對穩定，工作的性質和內容也相去不遠。

現在想像一下你去某個地方上班，走的「路」你不熟悉，路邊「房子」看起來也很陌生，更糟糕的是，沒人告訴你今天的「辦公室」在什麼地方，找不找得到「辦公室」得自己負責。此時你會有什麼感覺？你一定覺得茫然失措……

股市就是這樣的地方。它們不會完全重複自己。去年股票有這樣的漲跌，今年絕不會有同樣的波動。你就像跳進了海洋，失去了方向，覺得自己渺小、孤獨、無助……

股市有它特有的規律，有它自己的特點。這些規律和特點都不是完全固定的，它只給你似曾相識的感覺，按這些規律和特點來指引你在股市的行動，你能有五〇％以上的把握就不錯了。想想每天都要面對未知和疑問，有多少人能長期承受這樣的煎熬？

喜好報復

在賭場，我常看到賭徒們輸了一手，下一手下注就加倍，再輸了，再加倍。希望總有一手能贏，到時連本帶利全回來。這一方面是人性中「輸不起」的心態，另一方面是報復賭場，只因賭場害他們虧錢。

從數學上講，這是可行的，只要你有足夠的資金，總有贏一手的機會。所以美國的賭場都有下注最低額和最高額的規定，足夠你最多翻七倍。如果最低下注額是五美元，最高常是五百美元。第一注五美元，第二注十美元，第三注二十美元，第四注四十美元，只要贏一手就能翻本。我自己就曾這麼賭過，輸得灰頭土臉。你也許不相信連輸七手有多麼容易，任何人用這樣的翻倍法賭錢，只是加快「剃光頭」回家的時間。

在股市中，買進的股票跌了，你就再多買一點，因為第二次買的價錢較上次為低，所以平均進價攤低了。這時你的心態和賭場虧錢時一樣，一方面你虧不起，另一方面你在報復股市，報復股市讓你虧錢，同時又希望只要贏一手，就能連本帶利全討回來。因為平均進價攤低了，只要一點股票的小反彈，就能提供你全身而退的機會。

這樣的心態極其有害。股票跌的時候通常有它跌的理由，常常下跌的股票會愈跌愈低。這樣被套牢，你就愈陷愈深，直到心裡無法承受的地步。一個致命的大虧損，常常就徹底淘汰了一位投資人。

遲疑不決，心懷僥倖

美國的感恩節也常被稱做「火雞節」，這是為了紀念印第安人用火雞拯救第一批從歐洲抵達北美快餓死的英國人。野火雞在當年很常見，從前北美有一種捕捉火雞的方法，獵手置一籠子於曠野之中，籠門開著，獵人先用玉米鋪成一條路，讓火雞自然而然地順著玉米鋪成的路跑進籠子裡。通常籠子裡放的玉米比較多，火雞進籠子後不會馬上跑出來。一旦進入籠子的火雞數量足夠了，獵人就會觸動機關，放下籠門，這下一群火雞就被關進籠子裡。

以下是一個真實的故事。

一天，一位獵人早上去查看他的籠子。發現籠子裡有十二隻火雞。在他放下籠門之前，一隻火雞溜出了籠子。「唉呀，我下手慢了點，且讓我等等看，看那隻火雞會不會自己跑回籠子裡？」

在他打開籠門等那隻火雞回籠時，又有兩隻火雞跑了出去。「見鬼，十一隻火雞已經不錯了，我怎麼會讓那隻也跑走呢？現在只要外出的三隻火雞跑一隻回來，我就關門。」很快地，又有三隻火雞昂然地離開了籠子，接著又是三隻！當籠子裡只剩最後一隻火雞時，獵人這下毛了：「要嘛都不要，但如果有一隻回籠，我就關籠子，拎兩隻火雞回家。」

最後，這位獵人空手回家……

親眼看見整個過程的佛瑞德．凱利（Fred C. Kelly），將這個故事寫進了《投機心理》（*The Psychology of Speculation*）之中。

有一定炒股經驗的朋友讀到這個故事時，大都會發出會心微笑，他們對這個心理轉折非常熟悉，只要是炒股的人都曾經歷這個過程。你在二十元入場，訂好十八元停損的策略，當股票跌到十八元，你有沒有想過再等等看？也許股票馬上就會反彈了！當股票又跌到十六元時，你會不會拍自己的腦袋說：「真該依照訂好的規矩，跌到十八元時就贖出；如果股票反彈五毛錢，我就一定說再見！」

現在股票跌到十元了，你有什麼打算？你會出現雞皮疙瘩嗎？你會不會發狠告訴自己：「我這次拚了！我現在就是不走，倒要看看這支股票最低會跌到什麼價格？」當然，最後的結局很少有例外，下場往往是股票學校又多了位繳了學費、畢不了業的炒股學生……

想知道這種情況應該如何辦嗎？耐著性子往下讀，我會一點一點地解釋給你聽。

如何戰勝股市巨人

以上討論了一些股市特點及人性弱點。坦白說，除了你自己必勝的信念之外，其他的一切幾乎都反對你在股市成功，就算是你的親朋好友，有多少人會鼓勵你靠炒股維生？

對那些只想在股市賺幾個零用錢的朋友來說，股市在開始時或許很慷慨，隨著時間推移，你就會明白它向你討債時是何等凶惡。

這裡還要提醒你，你的對手可能很強悍！開個炒股帳號很容易，買賣股票也很容易，然而你知道交易對手是誰嗎？你的對手可能是華倫・巴菲特（Warren Buffett），可能是證券行的人工智慧團隊，你的對手可能深不可測！你在和一位巨人搏鬥，蠻幹是不成的。你要學習技巧，永遠不和它起正面衝突。你要了解這位巨人，熟悉它的習性，在適當的時機攻擊它的要害。唯有如此，你才有勝利的機會。

股市這位巨人很笨重，作為獨立投資人的你很靈巧，一旦發現攻擊無效，就必須逃離現場，並且防備巨人的報復。炒股是很古老的行業，成功的先例非常多，這是不需要天才的行業，最重要的是鍥而不捨的精神和戰勝自己的勇氣。可以這麼說，識不識字和能否在股市成功沒有絕對的關係。當然，懂得識字總有那麼丁點優勢。

下一章我們將談一些炒股的基本知識。

第二章

股票分析的基本知識

當街頭巷尾的民眾在談論股市如何容易賺錢時，
大市往往已經到頂或接近到頂了。
人人都已將資金投入股市，
股市繼續升高的推動力就枯竭了。
而到了大眾恐懼的時候，該賣的都已經賣了，
股票也差不多已經跌到底部。

價值分析，主要分析公司的小環境。大環境的變化是聊天的好材料，但拿來炒股的實用性不高，因此研究小環境裡公司的經營情況十分必要。

以我的經驗來說，如果只靠走勢圖來判斷，卻不知買的公司到底是做什麼的以及營收如何，會讓我覺得十分心虛。

你認為讓投資人入市買股票的因素是什麼？華爾街調查過，吸引一般投資人入場買股票的最大主因是股票在「升」，而不是股票的本益比低或紅利高！同樣地，投資人會選擇賣股票的主因，也是股票在「跌」！

請記住：**當街頭巷尾的民眾在談論股市如何容易賺錢時，大市往往已經到頂或接近到頂了。人人都已將資金投入股市，股市繼續升高的推動力就枯竭了。而到了大家恐懼的時候，該賣的都已經賣了，股票也差不多已經跌到底部**。

假設這本書的讀者已具備最基本的股票知識，例如什麼是股票、股票是怎樣交易等等，如果還不具備這樣的知識，建議你先去找一本股票常識讀物，這類讀物在任何書店都能找到，在書店占的位置通常都不會太冷僻。

這些知識是死的，很容易了解。以我的觀察，一個人若能專心閱讀，約莫兩個星期就能了解大概了。

在這本書裡，我無意用數十頁的篇幅來介紹到處都有的內容。每位認真的股市參與者都應該有個自己的小圖書館，其中至少包括一本有關股票常識的讀物。

在此分析股票升跌及為何升跌的知識，可以粗略地分成以下兩大類：

一、價值分析（fundamental analysis）

二、技術分析（technical analysis）

技術分析是研究股價、時間、交易量之間的相互關係，也就是圖形分析，其他都屬於價值分析的範疇。

不要將兩種分析完全分割，它們其實是互相關聯的。在技術分析中看到的股價、交易量和時間的互動關係，其實反映了投資者對公司經營的看法，他們用自己的資金為該公司的前景投票。

和炒股息息相關的另一個重要知識就是怎樣判定股票的大市，即股市的大趨勢如何。要想炒股成功，判定大市的能力必不可少。大市升叫「牛市」，大市跌叫「熊市」。

第一節

價值分析的基本知識

歷史上的股票操作向來被認為是一種投機行為，被稱為「投資」是不到一百年的事情。

投機的英文是speculation，投資的英文是investment，兩者的意思有本質上的不同。從字面上區分，「投機」被認為是高風險的交易，類似賭博；而「投資」屬於低風險交易，用數字分析作為交易指導。

股票交易的稱謂從投機變成投資，首先要感謝一位名叫班傑明・葛拉漢（Benjamin Graham）的美國人，他的兩本書《智慧型股票投資人》（*The Intelligent Investor*）和《證券分析》（*Security Analysis*）奠定了價值分析的理論基礎，巴菲特作為這一理論的執行者，取得了令人信服的成功地位。

從投機到投資

葛拉漢宣導的價值分析注重的是公司的資產、盈利、紅利、負債等財務數字，由這些可以量化的數字做指導，他認為投資者可以避免股市瘋狂和壓抑帶來的極端情緒影響，做出理性的判斷。

經過幾代人的補充，包括哈利・馬可維茲（Harry Markowitz，一九九〇年因「資產配置理論」獲諾貝爾經濟學獎）的現代資產配置理論等，價值分析已成為股票投資的主要理論基礎。作為這個理論的學生，我上「現代資產配置理論」這門課的授課教授還恰好是馬可維茲，接受這套理論在股票投資的指導意義。整套理論以數字做基礎，給人很科學的感覺，很容易接受。要完整介紹價值分析的內容需要很大篇幅，一般民眾了解最基本的概念就夠了。就我自己的經驗，在研究上鑽牛角尖對具體投資實踐往往有負面影響；**影響股票升跌的最大因素不在於基本面的數字，而在於投資人的大眾思維**。

價值分析離不開公司的財務分析，如何具體做公司的財務分析是另一個課題，我建議讀者找機會了解一下基本概念。從紙面上讀其實很簡單，資產是若公司現在把瓶瓶罐罐都賣了值多少錢，盈利是公司現在賺多少錢，負債則是欠多少債；將公司這些數字除以公司發行的股票數字，就得出每股股票的資產負債數。

那麼葛拉漢是如何用這些數字來指導股市投資呢？價值分析的思維架構是「內在價值」（intrinsic value），根據這個理論，股票的價格應該圍繞在公司固有價值上下波動。雖然葛拉漢並沒有嚴格界定如何計算「內在價值」，他強調公司的「固定資產」（tangible asset）是需要重視的部分，其他因素則包括盈利、紅利、財務健康和公司盈利能力等。比方說，如果公司的固定資產每股十元，股票現在交易價是五元，那麼可以認定這個股票價格被低估，值得買入。「價值分析」有時也被稱為「基本面分析」。

葛拉漢把投資人分成兩類：「保守型」（defensive）投資人和「風險型」（aggressive）投資人。保守型投資人應該將資產投資到回報有保障且有連續性的大型公司；而風險型投資人，顧名思義就是可以承擔更多風險，可以投資到小公司。

我無意重述葛拉漢的鉅著，請讀者自己找他的書來讀讀就可以了。這裡我想讓讀者知道的就是這麼簡單的觀念改進，引進數字分析進行科學論證。價值分析成功量化了風險，它改變了公眾對股市的看法，讓投機變成投資，成功地將股市從少數人炒作的投機市場改變成大眾參與的資產信託場所。想想看，要你把資產拿去投機，你願意做嗎？拿去投資就變成相當酷的行為，是參與聰明人的遊戲。這個名稱的改變，大大提高了華爾街的名聲和規模！

在實際操作中，完全用價值分析的數字來指導股市操作並不容易，因為這些數字如何計算本身就很有爭議。股市並不是物理市場，而是個心理市場。本書以實用為主，我將基本面分析分成「大環境」和「小環境」兩類向大家介紹，大環境指公司外部的因素，小環境指公司內部的因素。大家容易讀也容易懂！另外，我還會針對最可能導致股票價格上漲的三個因素加以分析。

大環境

一、**利率**：可以這麼想，社會的熱錢數目是一定的，當利率升高時，將錢存入銀行的吸引力增加，這將使得原先可能進入股市的資金流進銀行。同時，利率的升高使公司的借貸成本增加，結果盈利減少。其淨結果都是股價承受賣壓。利率降低時，效果正好相反。

二、**稅收**：企業稅增加，企業盈利中的稅務支出增加，使得實際盈利減少，股價將會往下調整。

三、匯率：當匯率上調，本國貨幣升值，增加出口困難，營業額降低，其結果對股價的影響主要是負面的。匯率屬國際金融的範疇，它對股價影響的機制極其複雜，通常是國際政治經濟角力的結果。到底匯率的變動如何影響股價，誰也說不清，就這一課題有許多博士論文，更深入的研究就請讀者自己去找資料來看了。我專修國際金融，深知它的複雜性，讀者只要知道匯率也屬影響股價的其中一個因素就夠了。

四、銀根鬆緊：銀根鬆疲，市場熱錢增多，對股票的影響正面。銀根緊縮時正好相反。

五、經濟週期：經濟週期是市場經濟的必然結果。當某種商品短缺，大家一窩蜂地投資生產這類商品，隨後的結果便是生產過剩。當商品短缺時，價格高昂，生產廠家利潤增加，反映在股市便是股價上升。一旦生產過剩，就只得減價銷售，有時甚至虧本套現，這樣盈利自然降低，股價的表現便是下跌。

六、通貨膨脹：通貨膨脹對股價的影響很難估量，通常政府為了控制通貨膨脹會調高利息，對股價的影響主要是負面的。

七、政治環境：大規模的政治動亂必然帶來大規模的經濟混亂。戰爭、政府的頻繁更迭、政局不穩定對股票的影響是負面的。

八、政府產業政策：如果政府鼓勵某些行業，給予扶持，如在稅收上給予減免，融資上給予方便，企業各方面的要求都給予協助，結果自然對股價有正面影響。

小環境

一、**營業收入**：一個具有發展潛力的公司，其營業收入必須有快速發展的勢頭。去年賣出一億元的產品，今年兩億元，預計明年四億元，這樣的公司常常提供了股價在短期內翻幾倍的機會。

二、**盈利**：有些公司做很多生意，但就是不賺錢。公司經營的好壞主要以盈利作為衡量的標準，盈利增加，股價自然上漲。

三、**固定資產**：固定資產就是公司現有的所有「不動」的資產。如果公司的市場總價是十億元，固定資產是十五億元，你可以認為股價沒有反映公司的價值，股價偏低了。

四、**類似公司的情況**：大家都生產類似產品，例如電視機，其他公司的績效和這家公司相比如何？同類公司通常有類似的經濟週期，股價的波動也類似。

五、**品牌的價值**：有人估算過，光是「可口可樂」這個名字就價值五百億美元。你打算投資的這家公司有無優秀品牌？這可能對股價有深遠影響。

價值分析主要分析公司的小環境，大環境的情況太過複雜，判斷大環境主要用「股票的大市」。美國著名的基金管理專家彼得・林區（Peter Lynch）曾發表看法：「我每年花在經濟大勢上的分析時間不超過十五分鐘。」大環境的變化是談天的好材料，拿來炒股的實用性不大，但是大的政治動亂和經濟震盪當然例外。

研究小環境中公司的經營情況是必要的。以我自己的經驗，如果只靠走勢圖來判斷股票走向，不知道買的公司到底是做什麼的和營收如何，會讓我覺得很心虛。

研究公司的經營情況必須具備一點會計常識，要能看懂公司的財務報表。但這裡面的遊戲也很複雜。以銷售收入而言，公司是如何計算銷售收入呢？有些公司賣貨後收到錢才算收入，有些公司只要發了貨就算收入，更有些公司把訂單全都計算在內。但是要注意的是，發了貨能否收到錢是個問題，就算是訂單也有可能被取消。

固定資產怎樣算也有學問。有些老工廠在紙面上還值不少錢，但事實上那些舊機器免費送人都沒人要，這樣的公司你說固定資產是多少？按市面上買價減去折舊計算固定資產，得到的數字可能很漂亮，但其實沒有多大意義。

讀者在研讀財務報表時，必須留意這些細節。

導致股價上漲的三個因素

雖然引起股價增長的因素很多，但最重要的是盈利及盈利增長。這個理由很明顯，投資人不需要不賺錢的公司。讓我們看看下述三個影響股價最重要的因素。

一、盈利的增長

本益比是很重要的概念，即「股價除以收益」所得到的數字。

但我發現，新手們常常過於注重本益比，他們把它當成股價是否便宜的衡量標準。這種概念基本上是對的，但實用性不大。舉例來說，美國的微軟（Microsoft）公司上市初期，本益比超過一百，就算是今天，它也超過五十。如果你在數十年前買了一萬美元的微軟股票，今天就是百萬富翁了。

一個健康、發展迅速的公司，其盈利必定逐年增長。這個增長的速度愈快愈好。一個公司的盈利若能以每年二五％的速度增長，那麼三年就能將盈利翻一倍。盈利增長的速度必須建立在合理的數字上。去年每股賺了一分錢，今年兩分錢，盈利增長了一〇〇％，但這個數字沒有意義。如果公司的盈利從每股五角升到一元，這個一〇〇％的盈利增長必定將使投資大眾的眼睛發亮。

盈利增長的前提是銷售收入的增長。一個公司的銷售收入如果無法增長，盈利增長通常是玩會計遊戲的結果，對於這一點，讀者要特別留意。

另一個必須留意的是，銷售收入增長速度和盈利增長速度的關係。公司的營業額由一億元升到兩億元，一〇〇％的增長率，但盈利只從五角升到六角，二〇％的增長。這時要好好調查一下箇中原因了，是不是同類產品多了競爭者公司，所以只好削價求售？雖然營業額不錯，但本益比降低了！如果是這樣的話，這檔股票的升幅也就有限了。

最使市場注目的是盈利的加速增長。一個每年盈利增長二五％的公司突然將增長速度提高到四〇％，甚至五〇％，這通常已經鋪好了股價成倍上翻的道路。

二、新產品

如果有家公司發明了根治癌症的新藥，你可以想像這家公司的前景。新產品提供了公司快速增長盈利的可能。

這類例子很多，例如美國新態（Syntex）公司在一九六三年發明了口服避孕藥，結果股價在六個月內翻了五倍；王安電腦（Wang Laboratories）因為其新型的文字處理機，在一九七八至八〇年間，公司股價升了十三倍；速食店的概念成形初期，麥當勞（McDonald's）公司的股價在一九六七至七一年的四年間翻漲了十一倍。

新產品並不侷限於「實物」，可以是新的生意概念、新的推銷手法、新的管理方式。

三、公司回購自身股票

如果公司購回自身股票，這是好消息。公司購回自身股票是對公司投信任票。一般而言，公司只有在認為股票的股價水準不反映公司價值時才會這麼做。同時，回購股票使流通的股票量減少，在相同的盈利總數下，每股的盈利數字就增加了。這就發揮了降低本益比的作用。

另外，值得留意的是公司股票總流通量的數目，數目愈大，股票上升的步伐就愈難邁開，因為需要大的買壓才能推動價格上升。

第二節

技術分析的基本知識

簡單地說，技術分析就是看圖。

技術分析探討股票價格、交易量和時間的相互關係，以此判定股票下一步運動的可能方向。技術分析的目的是確定股票的走勢以及走勢的轉變。炒手們根據技術分析提供的信號，買進賣出以賺取差價。

由於人性相近，在相同的外部條件下，人們通常有相近的反應。這一切都會在圖中表現出來，炒手們可以透過研究過去股價運動的規律來推測未來的走向。**技術分析的心理基礎是建立在「人性相近」這一假設之上**。這個假設成立，但並不完美。**人是極其複雜的，股價變動雖然反映了投資大衆集體思想和行動的結果，但它不可能完全重複**。

所以說，炒股是門藝術，不是科學。但只要這種集體行動的結果有類似的特點，抓住這個特點，炒手們就有可能擁有在股市上超過五〇%的獲勝機率。

還有，技術分析其實在分析「錢」的走向。股票的運動圖像可說是錢推出來的。英文有句話說：「錢不撒謊！」（Money do not lie.）股市充滿各種各樣的利益集團，有持股的，有賣空的，某公司還可能正在檯面下交易，一般投資人根本沒有能力判斷這些不同利益集團散布的消息是真是假；證券行的股票分析報告也屬於這類消息的一部分。

所以，大家讀新聞或聽股市名嘴推薦時別全信，要留個心眼。但錢不撒謊！股票升一定是買股的多過賣股的，反過來，股票一定跌。

不管別人嘴上說什麼，要仔細觀察錢如何走！名嘴們可以在股價高位唬弄大家買股，自己賣股，這會在技術圖形上顯現出來。

常用圖形介紹

技術分析在華爾街已發展成一個體系，有關技術分析的書常有五、六百頁之厚。就我個人這麼多年的炒股經驗，覺得這些書的內容多半在鑽牛角尖，為了分析而分析。我在這裡將我在實際操作中證明最為有用的概念寫出來給大家分享。這些圖和分析都很簡單，但我每天都在用，它是我用來判斷股票運動是否正常的指標。

一、股票的走勢及走勢線

圖2-1是典型的升勢圖，將波浪的低點相連，即成升勢線。在升勢圖中，請注意交易量的

變化。在上升階段，交易量增加，下調階段則交易量減少。每個波動的最高點較上個波動為高，最低點也較上個最低點為高。

圖2-2是典型的跌勢圖。將波浪的高點相連，便成跌勢線。在跌勢時，交易量沒有特別之處，但跌波的每個波峰較上一波峰為低，波谷也較上一波谷為低。

圖2-3是無勢圖，你根本不知道這檔股票的大方向是什麼。交易量也沒有特色。一支無勢的股票通常不適合炒作。

心理分析：有人問一位投資專家：「股價為什麼會升？」他想了一會兒說：「因為買者多過賣者。」現在大家明白了，股票升的原因不是低的本益比，也不是高的紅利或其他冠冕堂皇的理由，而只是因為買者多過賣者。雖然本益比或紅利都會影響投資人買賣的決定，但它只代表了過去。**影響投資人決定的最重要因素是對未來的預期**。一支本益比很高的股票，表示這家公司過去沒賺什麼錢，但不表示它未來也不賺錢。

以升勢為例，升勢開始時，一定是買主多過賣主，因為在無勢時，買賣的力量基本均衡。一下子多出了買主，在交易量上的表現就是交易增多。隨著股價升高，第一波買主入了場，這時有人在紙面上開始有收益，他們便獲利賣股，我們在圖上就看到回檔。這時的賣主總的來說並不多，我們會看到交易量減少，否則這就是不正常的升勢。如果股票確實有吸引力，例如成功開發新產品，第二波買主便會進場，重複第一波的過程。

在圖形上，我們看到一浪高過一浪，股票總是以波浪形上升。

股票的運動有點像推石頭上山，要往上推得花很大的力氣，但石頭往下滾，用不著很多力氣。在股票跌勢時，買主消失，不大的賣壓就會使股價往下跌。雖然其間有人撿便宜貨，但這種下跌時的反彈是靠不住的。在圖形上是一波低過一波，交易量並不具備什麼特色。

無勢圖表示市場對這檔股票沒有什麼看法，它在某一區間漫無目標地遊動，買方和賣方

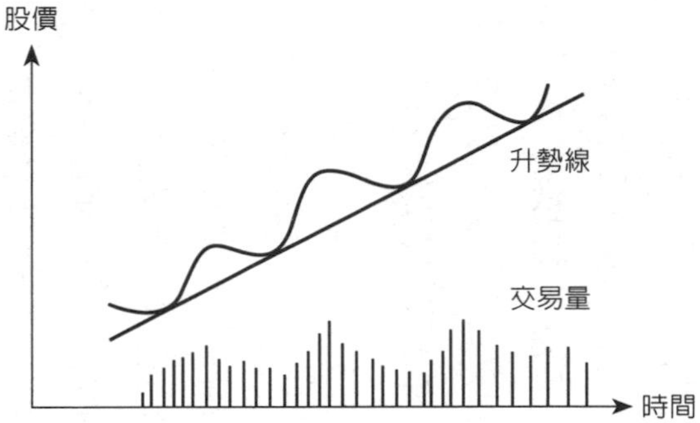

圖 2-1

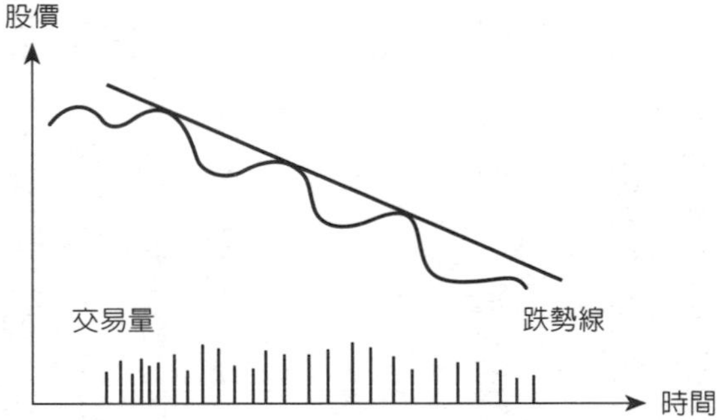

圖 2-2

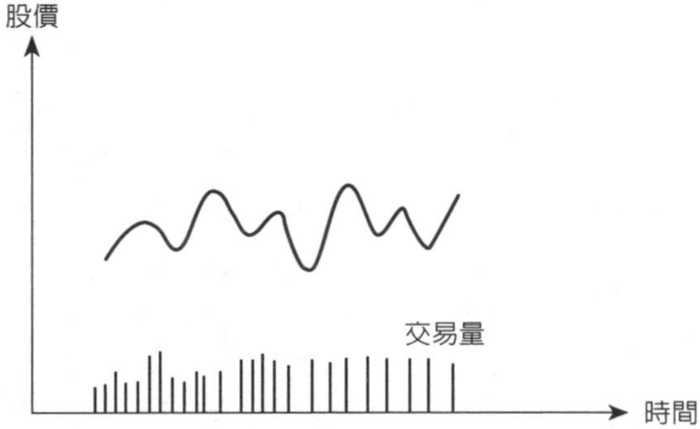

圖 2-3

的力量基本平衡。

你認為什麼因素使投資人入市買股票？華爾街調查過，吸引一般投資人入場買股票最主要的原因就是「股票在升」！你明白嗎？一般投資人入場買股票，大部分的原因不是因為股票的本益比低或紅利高，而是股票在升！除了股票在升的理由之外，其他因素都是次要的。這就是為什麼股票一旦開始升勢，它往上一波高過一波，不會馬上停止。想要培養預測股票運動的能力，你必須牢牢記住這一點。

你能猜到為何一般投資人賣股票嗎？讀完上一個段落，結論應該很明顯。華爾街調查證實了你的猜測：投資人賣股票的最主要原因是「股票在跌」，而不是本益比高和其他原因，這就是為何跌勢一開始不會馬上停止。現在你能體會為什麼股票升時常常升得離譜、跌時跌到慘不忍睹了吧？記住投資人買賣股票的真正原因，耐心觀察市場，你很快就會發現股票運動有跡可循。

二、支撐線和阻力線

圖2-4標註了阻力線和支撐線。當股票在一定的區間波動，把最高點相連便成「阻力線」，把最低點相連便成「支撐線」。

從紙面上解釋，股價升到阻力線時會碰到很大的阻力，不容易繼續升上去，也就是出現了很多賣主。而股價跌到支撐線時會發現很多買主，股價不容易跌下去。

心理分析：走進交易大廳，你是否常聽到「這檔股票跌到十元就買進」、「這檔股票升到十五元就賣出」之類的話？答案是肯定的，因為這也是我常聽到的。為什麼一般投資人會認為某檔股票跌到十元就值得吃進，而升到十五元就該脫手呢？

這也源自於我們日常生活的經驗。精明的主婦通常知道某種衣服的最低價是什麼。如果衣服以這個價格出售，大家便紛紛搶購，而衣服牌價升到某個價位就乏人問津了，這可以分別稱為該件衣服的「阻力價」和「支撐價」。

在股市上，如果參與交易的多數投資人認為十元是某股票的最低價，一旦股價跌到這個價位，就會有很多人買進，股價自然跌不下去。在圖2-4上可以看到支撐線。

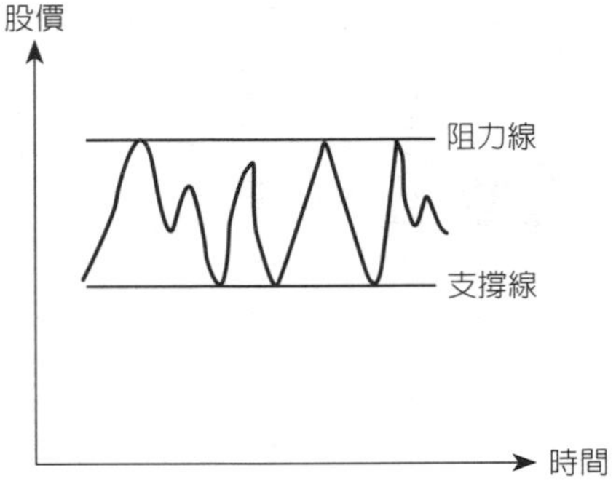

圖 2-4

阻力線的道理也相同。

如果一個款式的衣服在十至十五元之間的價格波動，想像一下服裝商是如何做生意的。

當衣服的價格在十元的時候，買主認為衣服的價錢便宜，入場購貨。但賣主會覺得價錢偏低，再低就不賣了。在十五元時，買主覺得價錢高，不願買，雖然賣主想賣更高的價錢，但沒有買主也無計可施。所以在十元時，因買主多過賣主，價格開始上升，但在十五元時，賣主多過買主，價格只有下降。

或遲或早，有人會對這個價格區間持有不同看法，認為衣服的價錢太高或太低。無論這是一位大戶還是一批小服裝商，他們的行動將使買賣力量失去均衡。如果他們的力量夠大，將引起一連串反應。無論是正在買賣的服裝商還是在外觀望的投機商，他們的行動將會改變在十至十五元的交易區間。

如果新的均勢有利於買主，這將吸引新買主入場，帶來新的買壓，而賣主期待更高的價錢，他們的惜售會使賣壓進一步減輕，結果使得衣服的價錢高出十五元。隨著價錢的進一步升高，賣出的誘惑力愈來愈大，衣服的價錢會在新的均衡區間搖擺。

這個過程便是阻力價或支撐價的突破。在股票上，我們便有阻力線和支撐線的突破。需要特別指出的是，阻力線一旦被突破便成了新的支撐線，同樣地，支撐線一旦被突破便成了新的阻力線。

讓我們以支撐線為例，在支撐線附近，足夠的買方出現，賣方消失，股價無法跌破該線。幾個來回之後市場形成，這便是「最低價」的概念。突然間，更大的賣壓出現，股價跌破支撐線，這時認為支撐線就代表「最低價」的買主全部虧錢。其中一部分可能停損拋售，另一部分則堅持原來的想法，認為股價很快就會反彈。無論如何，原來市場對該股的「底價」概念已被粉碎，市場「背叛」了他們。

現在，假設股價又升回原來的支撐線，你認為原先的投資人會有什麼反應？

那些還未「停損」的人會感謝上帝給他們一個全身而退的機會，股價跌破支撐線的那段虧錢時光令他們寢食難安，現在終於有了不虧甚至小賺的機會，他們會趕快賣掉股票以結束這場噩夢。

再看看那些停損出場者，他們原以「底價」入場，結果被燙傷。今天股價又回到這個價位，但燙傷的記憶猶新，他們大都不敢在這個價位重新入場。我們看到賣壓增加，買方力量卻減少。所以，支撐線一旦跌破，便成了新的阻力線。

這和阻力線一旦被突破就成了支撐線的道理相近，讀者可思考一下其中的緣由機理。

三、雙肩圖和頭肩圖

圖2-5是典型的雙肩圖，圖2-6是典型的頭肩圖。這都是炒股中常見的圖形。

心理分析：以雙肩圖為例，它的典型特點就是兩個高點。要提醒讀者，這兩個高點的選擇和時間的跨度相關，很明顯，一天的高點和一年的高點完全不一樣，但它們的解釋相同。

隨著價錢升高，買主開始懷疑價錢能否超過原來的最高點，賣主也在觀察這個最高點是否像上次一樣會帶來賣壓，使價格升勢受到挫折。簡單地說，市場參與者在觀察這次會不會有和上次同樣的經歷：上次價格升到這點引發買賣力的逆轉，這次會發生同樣的事情嗎？

結果只有兩個：穿越上次的最高點和不能穿越上次的最高點。在雙肩圖中，因為無法穿越上次的最高點，市場對價格的看法產生變化，投資人對在這點附近持股感到不自在。在股

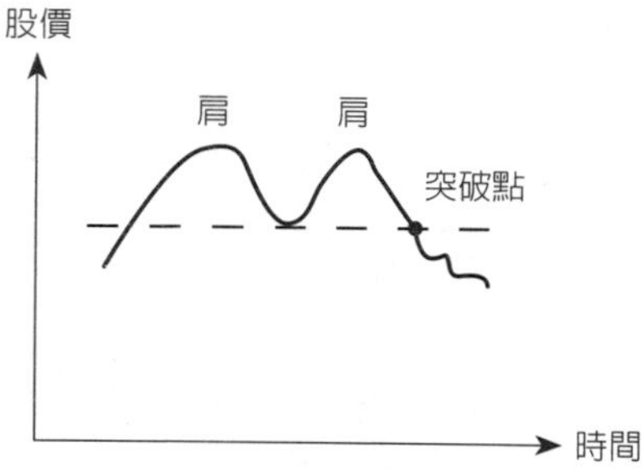

圖 2-5

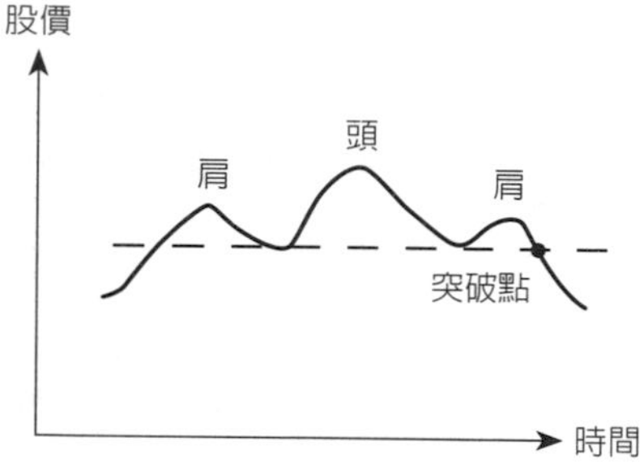

圖 2-6

市中，你會看到股價逐步滑落。但假如買力不減，繼續穿過上次的最高點，我們就回到升勢圖了。

頭肩圖的道理和雙肩圖類似。請讀者想像一下在其過程中投資人的心態變動過程如何。頭肩圖可以當成雙肩圖的變形。這些圖還可以倒過來看（如圖2-7、2-8）。

如果說正雙肩圖給你提供了賣的資訊，那麼倒雙肩圖便給你提供了買的資訊。在這些圖的後面，其實是投資人對該股票價格認定的心理變化，你要用心來感受，如果你是股市的一員，你會如何想？你會怎樣做？這樣一來，你就會慢慢地培養出何時入市、何時出場的直覺。

四、平均線

平均線的目的主要是用來判定股票走勢。股價運動常常具有跳動的形式，平均線把跳動減緩成較為平坦的曲線。

計算平均線的方法有許多種，最常用的是取收盤價作為計算平均值的參考。例如你要計算十天的平均值，把過去十天的收盤價格加起來除以十，便得到這十天的平均值。每過

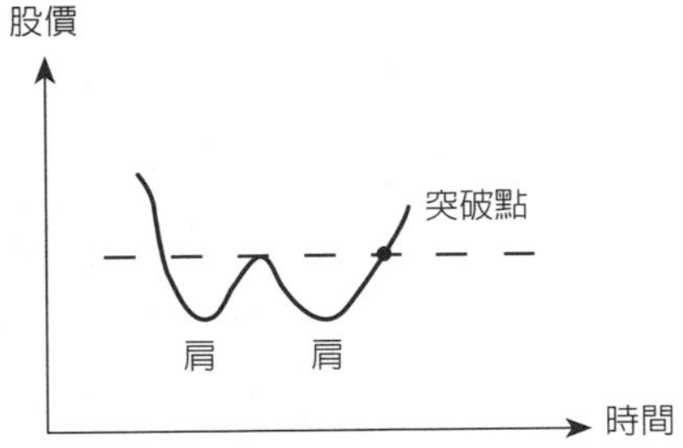

圖 2-7

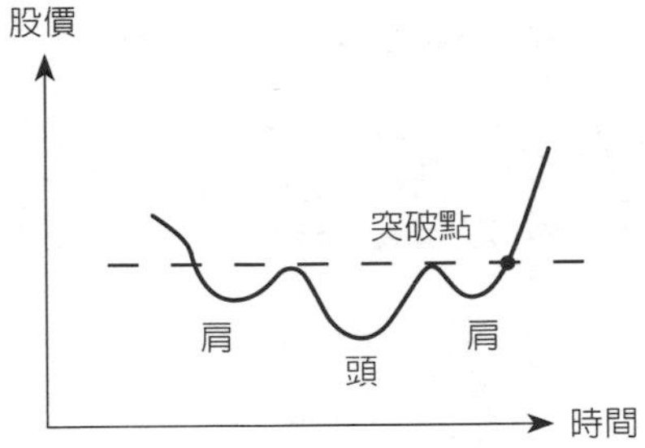

圖 2-8

一天，分子式加上新一天的股票收盤價，再減去前第十一天的收盤價，分母不變，便得到最新的平均值。接著把平均值連起來，就成為平均線（圖2-9）。

平均線的形狀取決於所選擇的天數。天數愈多，平均線的轉折愈平緩。我自己習慣用兩百天平均線來衡量股票的長期走勢，五十天平均線衡量中期走勢。我不怎麼看五十天以下的平均線，因為我發現參考價值不高。在股票短期的運動方向，我注重股價及交易量。通常我不買股價在兩百天平均線以下的股票，但做短線時例外。

五、其他圖形

我自己日常留意的技術分析圖形就是上述四種，但這節的主題是技術分析的基本知識，我不得不提一下其他圖形。

一般的技術分析書都會提到三角、隧道、旗子等圖形。遺憾的是，我的實踐經驗證明它們沒有什麼實用價值。不過，對我沒有實用價值並不表示對其他人也同樣沒用，我鄭重建議讀者自己去找這方面的書來學習。我將本書的範圍限

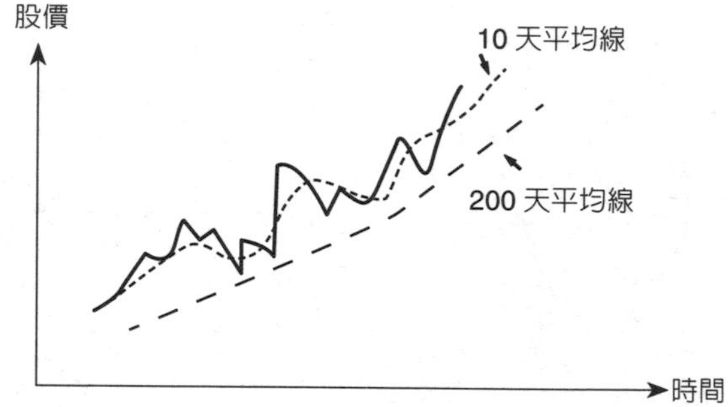

圖 2-9

縮在自己親身證明最有用的知識，並不打算包羅萬象，請讀者原諒。

有電腦軟體的朋友常常會看到 MACD（Moving Average Convergence & Divergence，中文為「指數平滑異同移動平均線」）、威廉指標（Williams %R）等電腦計算的買賣指標，流行的有二、三十種之多。我學股第二年花了很多學費後才明白，這些指標都有「見光死」的特點。也不能說這些指標錯誤，這些指標的發明者通常有輝煌的經歷。想像一下，如果每個人都按照這些指標提供的買賣信號炒股，結果將會是什麼？我自認站在巨人的肩膀之上，結果從巨人肩膀上跌下來，摔慘了！

我常用的前面三個圖形也不是自己發明的，但我在使用當中體會到它們背後的心理因素，明白人性不容易改變，所以它們一直有效。希望它們不會因為本書而同樣「見光死」。當然，我相信不可能，人性哪有那麼容易改變？關於其他圖形背後的大眾心理變化的合理解釋，有待行家高手進一步研究。

六、綜合看圖

首先是圖2-10，綜合走勢線及阻力線和支撐線稍下的點是賣出點。支撐線一旦被突破，表示升勢結束。

圖2-11和圖2-10類似，但有別於阻力線，我們這裡看到頭肩圖，道理和圖2-10類似。

接著是圖2-12，把圖2-10倒過來，我們就有了最常見的買入理想點。記住，如果這是升勢

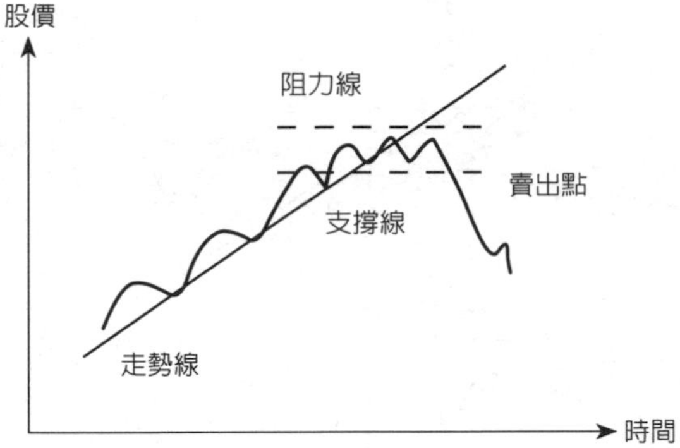

圖 2-10

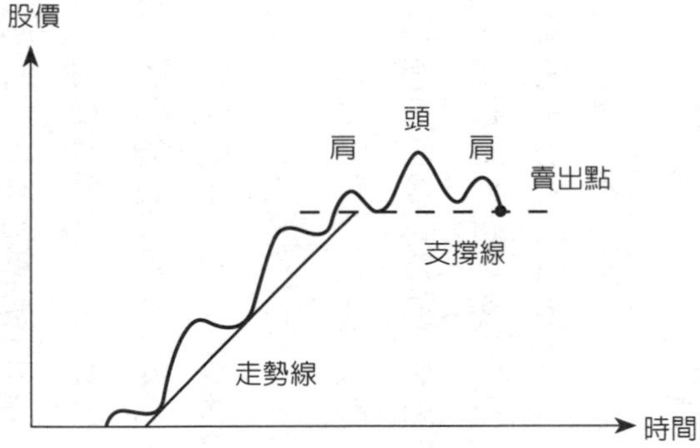

圖 2-11

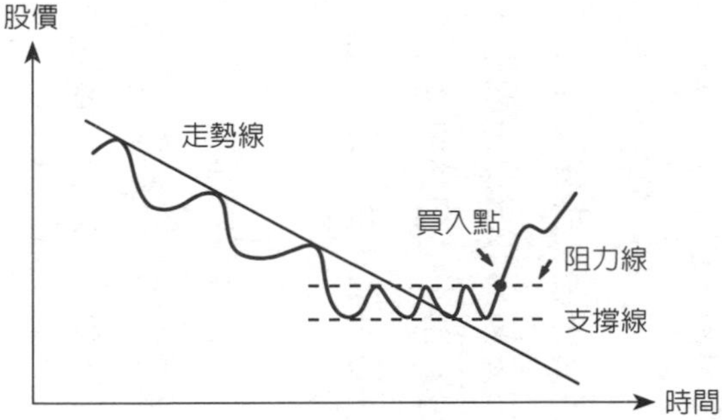

圖 2-12

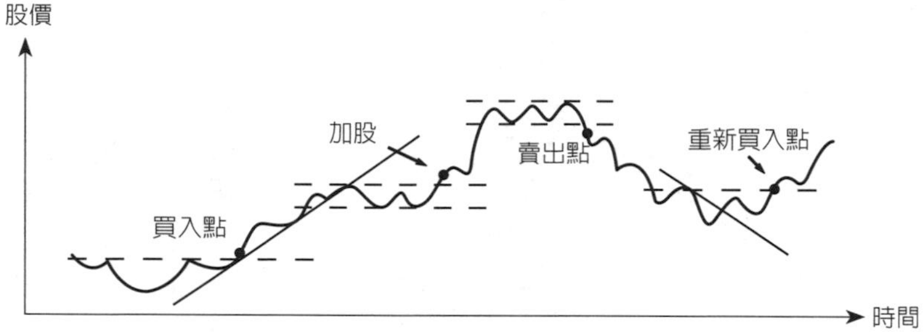

圖 2-13

開始的話，交易量通常會增大。

最後是圖2-13，這是炒股中常見的股票運動圖。我標出了各個不同的買入及賣出好點，請讀者用心體會一下為什麼。具體怎樣操作，我將在第四章第一節「何時買股票？」中詳細解釋。這些買賣點還可以改進。

現實社會往往和理想社會有差異。股市也一樣！以上講了這麼多圖像和背後的心理脈絡，一切都很明白，那是傳統的股票技術分析。隨著時代進步，報導表示現今美國股市七〇%的交易量是電腦交易，電腦沒有什麼感情，那麼這些圖像後面的心理過程還能成立嗎？答案可不容易。

毫無疑問的是，不管是人交易還是電腦交易，交易必須用錢完成；股票升了，一定是買盤勝過賣盤！無論是個人下單買還是指示電腦下單買，一定有資金再入場。

股票的正常運動和週期運動

一、股票的正常運動

把握股票走勢最關鍵之處，便是判斷股票是否處於正常運動狀態。我認為下列幾點有助於讀者從概念和操作上體會，並且掌握股票的正常運動。

股票的走勢及走勢線：在正常的升勢中，每個波浪的最高點應較上個波浪的最高點為高，最低點也應較上個最低點為高。整個股價的運動應該在走勢線之上。在正常的跌勢中，波浪應一浪低過一浪，最高點較上個最高點為低，最低點也較上個最低點為低。

支撐線和阻力線：一旦阻力線被突破，股價應該會繼續上升，雖然有可能回檔，但回檔不該跌到阻力線之下，否則便是不正常運動。同樣地，一旦支撐線被突破，股票應往下跌，否則便是不正常運動。如果股價一跌破支撐線便反彈到支撐線之上，那有可能就是買股的好時機。

雙肩圖和頭肩圖：和上述道理相同，一旦股價穿越突破點，它應該能夠繼續，否則便可認為是不正常運動。

平均線：以兩百天平均線為例，一個正常的升勢，股價應在兩百天平均線之上；一個正常的跌勢，股價應在平均線之下波動。否則，都可以認為是不正常運動。

二、股票的週期性運動

在華爾街兩百多年的歷史中，發展出很多理論來描述股票的波動現象，例如「道氏理論」（Dow Theory）、「艾略特波浪理論」（Elliott Wave Theory）等。這些理論有假設、有論證，讀起來又長又乏味，但它們歷久不衰，自有其參考價值。就我個人的體會，這些理論很難在實踐中應用，除非你是只看大勢、手握鉅資的基金管理人。

隨著自己對股市認識的增加，終於明白這些「玄妙」的理論無非在講經濟週期，任何學過點經濟學的人都明白什麼是經濟週期。以下我將簡單解釋經濟週期如何在股價上反映出來，這些知識能加深你對股市的認識。

股票運動大約可以分成四個時期，分別為蓄勁期、爬坡期、疲勞期和下坡期。

（一）蓄勁期：買賣雙方的力量基本平衡。

（二）爬坡期：買壓勝過賣壓。

（三）疲勞期：買壓和賣壓又基本持平。

（四）下坡期：賣壓強過買壓。

在任何時期，股價的波動都是波浪形的（參圖2-14），每個大波動內包含有很多反向的小波動，平均線將中和這些小波動並且指明大趨勢。我必須強調，股市操縱可能改變每天或短期的波動，但不可能改變大勢。道氏理論特別指出了這一點。

股票運動的四個時期吻合經濟週期的規律。在上個經濟週期的末期，因為生產過剩，產品價格跌落，存貨增加，公司的盈利減少，股價下跌。

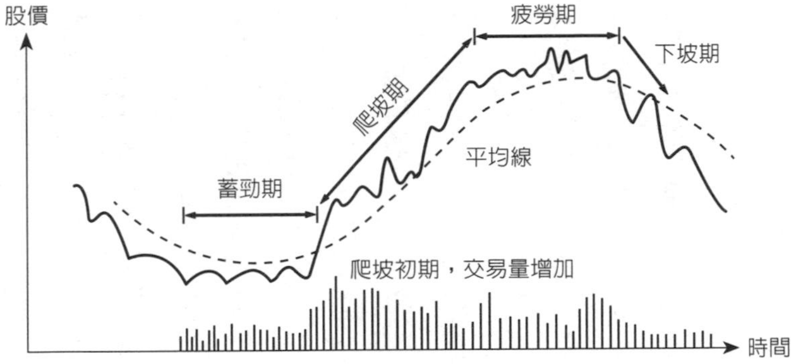

圖 2-14

蓄勁期便是恢復期。在這段時間，公司淘汰不暢銷的產品，減少存貨，為經濟的復甦做好準備。

經濟復甦期在股價上的表現便是爬坡期。隨著盈利增加，大眾又開始爭相搶購公司的股票，股價節節升高。

經濟復甦持續到一定階段，又因競爭和市場飽和等原因導致產品過剩的問題，這時股價進入疲勞期。疲勞期接著就到了下坡期。下坡期到了一定地步後又進入蓄勁期。整個週期過程就是經濟週期在股價上的反映。

有人認為資本主義經濟週期對社會有負面影響，但計畫經濟也有其本身的缺陷。中國現今發展市場經濟，大家近來看到的肉、蛋、柑橘等生產過剩、價格下跌的現象，便是經濟週期其中的一環。

在蓄勁後期、爬坡初期，如果是開始一個真正的爬坡期，應有交易量增加的現象，股價一舉突破阻力線。一旦進入爬坡期，股票開始升勢，股價波動應具有「一波高過一波」的現象。雖然這並非絕對，但整個波動應該在兩百天平均線之上。在這段時間裡，投資人必須安坐如山，不要因為股價的短線升跌而被嚇出場，但是要打起十二分精神注意危險信號。

經過疲勞期，股價跌穿平均線及支撐線，便是離場的時候了。

有些小公司持有特別的產品，它不受一般經濟週期的影響，但其股價波動也具有相似的特點。一旦市場接受其產品，銷售及盈利的潛力會反映在投資者的行動上。他們開始標高股價，我們將看到交易量上升。

這些投資者很多並不是短線炒作者，他們買好股票就放在一邊，使得公司在市面自由交易的股數減少。此時股票用不著很大的交易量就能攀升。這類小公司的股票在上升時的速度常常很快，短時間內可能會翻升數倍。

自由市場的機制是自由競爭，你很快就會在市場發現類似或可替代的產品。在今天的市場環境，一個熱門產品想要永保熱門幾乎不可能。

競爭的結果就是銷售及盈利增長的減緩，又重複從暢銷到滯銷的循環。這些小公司的股票同樣經歷四個階段，只是這四個階段的起伏比大公司要來得更劇烈。

第三節

股票分析之我見

一般投資人唯一會關心的就是股價什麼時候會升、什麼時候會跌。而我們知道股票會升的唯一原因是買者多過賣者，股票會跌的唯一原因是賣者多過買者。股票分析能夠定量出股價什麼時候升跌嗎？答案是不完全能做到！

想像一下，什麼因素會讓投資人買股？政治、經濟、心理、環境等因素都有可能，但這些都無法定量。

金融分析者發明出「本益比」之類的指標，試圖將股價的評估量化，但本益比同樣不能指出股價明天會升還是會跌。那麼這些**分析理論的目的何在？答案是：這些分析提高了預測股價運動方向的準確度。也就是說，可以提高投資人入市的勝率。**

我如何看價值分析？

價值分析是現代金融學的基礎。到大學讀個金融學位，專業課程基本上都是價值分析的內容，因為價值分析可以定量進行，當成科學來研究。

在我看來，因為價值分析可以定量，它奠定了股價的「參考點」。股市參與者可以利用價值分析得到的數字，判斷股價是否「太離譜」，低於「參考點」多了往往是買進的好點，高於「參考點」多了則是可以考慮的賣點。如果透過價值分析得到的「參考點」普遍被接受，那麼大眾就會圍繞這個點情緒性地低買高賣。作為股市的參與者，你的任務就是分析這個「參考點」，同時感應大眾的情緒。

我如何看技術分析？

我以炒股維生，技術分析是我買進賣出的主要參考。簡單地說，我靠這幾個圖吃飯。但對沒有多少經驗的炒手而言，你也想靠這幾個圖吃飯可能沒那麼容易。

記得我讀大學時，曾讀到中國現代數學家華羅庚談讀書的過程。他說讀書應該從薄到厚，又由厚到薄。他的意思是，一開始什麼都不懂，書自然很薄，隨著學習時間增加，你發現該學的愈來愈多，書就變得很厚。到最後讀通了，開始明白重點就是這麼多，書又開始變得很薄。這個學習過程可以推廣到學習任何技能，就算是炒股也不例外。

今天的電腦科技已發展到在國際象棋上擊敗世界冠軍的地步。因為國際象棋的變化有限，一旦把幾乎所有的變化都輸入電腦，它的計算速度之快，人類遠遠不能企及。在機器面前，人就只有投降了。

一九九七年，美國ＩＢＭ電腦「深藍」（Deep Blue）擊敗俄國的西洋棋世界冠軍蓋瑞・卡斯帕羅夫（Garry Kasparov），成為全球頭條新聞。以電腦的計算能力，區區幾個股票走勢圖根本算不了什麼，但電腦迄今仍只是炒股的輔助工具！

想想其中的緣由，你就會明白炒股沒那麼簡單。

擲硬幣得出的股票走勢圖

《華爾街日報》（*The Wall Street Journal*）曾經登過一則這樣的故事：一位記者靠著拋硬幣在十字座標上畫線，硬幣出現正面就升一格，反面則降一格，拋了幾十次硬幣後，畫出了一條曲線。他把這條曲線交給一位著名的技術分析專家研究，告訴他這是一支股票的走勢圖，請教他的意見。這位技術分析家看過圖後說這支股票極具上升潛力，一定要知道這支股票的名稱。記者如實相告，技術分析家聽後勃然大怒，拂袖而去。這位記者便據此寫了一篇報導。

你讀了這則故事有什麼想法？依我看，這位技術分析家犯了一個嚴重的錯誤，他沒有問交易量的數據到哪裡去了。

這章講的幾個圖看起來極其簡單，但我敢說，這是由「薄」到「厚」、又由「厚」到「薄」過程的後面一個「薄」。

你想跳過中間的「厚」，而由「薄」直接到「薄」是辦不到的。**若是參考過來人的經驗來得知後面的「薄」是什麼內容，或許可以縮短你經歷「厚」的過程，但是你必須經過「厚」的階段。**

不要把技術分析孤立起來看。研究股票的大市，研究公司的經營情況，研究公司的產品，再看股票的走勢圖，特別還要注重交易量的變化，只有在這個基礎上，技術分析才有意義。最重要的是：記住停損。

這些圖是死的，在實際操作中，你會碰到很多例外，只有透過實踐，你才知道如何處理這些例外。這些圖之所以重要，是因為它提供了最好的臨界點，在第四章〈何時買股票？何時賣股票？〉中，我將會詳細介紹。

我如何看股票大市？

炒股高手李佛摩是這樣強調股票大市的重要性：「**炒股的訣竅便是在牛市中全力投入，在牛市結束或接近結束的時候賣掉你的所有股票。**」

股市就像羊群，單獨股票就像羊群中的羊。當羊群朝著某個方向前進時，大多數的羊都跟隨著同一方向。股票也一樣，在牛市的時候，大多數的股票升，熊市的時候，大多數的股票跌。

如同做其他生意一樣，順勢是成功的基本保證。做服裝生意的要賣流行款式，不要進冷門的樣式。炒股的道理也一樣。不管你選了多好的股票，在大市向下的時候，它跌的機會大過升的機會。那麼該如何確定股票大市呢？

要確定大市的走向，最重要的是每天要追蹤股票指數的運動，如美國的道瓊指數、日本的日經指數、香港的恆生指數，以及上海、深圳的綜合指數等。

就我自己的經驗來說，**用技術分析的方法來判定大市的走向及走向的變動，是最為有效的工具**。研究股票指數圖，把它看成一檔股票，看看這檔股票現在處於什麼運動階段，以及它的運動是否正常。

此外，還要留意每天的交易總量。如果股市交易總量很大，但指數不升，或開盤走高、收盤低收，這就給你危險信號了。

留意一下周圍發生了什麼事，包括中央銀行是否要調整利率？周邊國家是否有動亂？大市轉變通常有個過程，它比單獨股票轉向要來得慢。大市的轉變可能需要幾天，也可能是幾星期，重要的是，當你感到危險時，就必須採取行動。

同樣地，你要留意股市跌到底時所提供的信號。當股市跌了很多，跌到大家都失去信心時，你會發現有一天股市狂升，可能升一或二％，交易量很大，這往往是跌到底的信號，大戶開始入場了。但這還不是進場的最佳時機，被下跌套牢的投資人可能趁這個反彈賣股離場。如果股票指數在此之後突破上一個波浪的最高點，你可以證實跌勢基本結束，是進場的時機。從圖上看，這時應該有升勢時所具備的特點。

股市的運動不斷重複，你要仔細研究過去的規律。拿一份長期的綜合指數走勢圖，研究過去發生的一切，隨著時間推移，你就能培養出感應到股票大市的感覺。

判斷大市走向極其重要。我發現，新手（我以前也是一樣）會用很多心思研究單獨股票的基本面和技術面，認為再好的市場也有股票跌，再壞的市場也有股票升，所以忽視了大市的走向。我要在這裡強調，**炒股是機率的遊戲，逆大潮流而動，你的獲勝機率就被大打折扣了。**

將大市和單獨股票結合起來考慮，是專業炒手必須培養的心態。雖然這需要一個長久的學習過程，但你一定要不斷地提醒自己：**大市不好時，別買任何股票。**

請記住，當街頭巷尾的民眾都在談論股市如何容易賺錢的時候，大市往往已經到頂或接近到頂。人人都已將資金投入股市，股市繼續升高的推動力就枯竭了。而大衆恐懼時，該賣的都已經賣了，股票的跌勢也就差不多到頭了。

判斷股市大市還應注意下列幾點：

一、**大的政治環境和經濟環境有什麼變動**？今天的企業愈來愈具全球性，其他國家發生的政治經濟危機將會影響本國市場。一九九七年亞洲發生的經濟危機便是最好的例子。

二、**台灣的經濟大勢如何**？**通貨膨脹的情形如何**？匯率有無變動的可能？中央銀行會調整利率嗎？

三、所謂的股市龍頭有什麼表現？在股市到頂之前，你會發現股市的龍頭股在大市到頂之前的一段時間開始疲軟。

四、垃圾股有什麼表現？在股市到頂的前一段時間，一些平時沒人過問的小股票開始變得活躍而且向上爬升。龍頭股的價格已貴到買不下手的地步，社會上的熱錢開始湧向三四線股票。

五、每天收盤時，有多少支上升的股票？有多少支跌的股票？綜合指數有時會被幾支大股票唬弄，一支在綜合指數占有大份額的股票偶爾會影響真正的方向。例如某天有四分之一的股票跌、四分之三的股票升，但四分之一的跌股中，可能有一支在綜合指數占大份額的股票，例如香港的匯豐銀行使得綜合指數下跌。在這種情況下，綜合指數不完全反映大市的真實走向。

六、考慮類別股，如金融股、電子股、房地產股等。雖然大市的綜合指數走升勢，其中某些類別可能在走跌勢。研究大市走向時，應將類別綜合考慮。特別是有時大市的走勢並不明顯，但金融股可能處在升勢，電子股卻走跌勢。炒手們應根據類別股的運動形態，決定具體某支股票的買賣。

這裡需要特別指出，以上分析都是預測工具，你試圖預測股票下一步會如何運動。你用價值分析分析出股票已經很便宜了，下一步就應該往上升，依此買股。你用技術分析得出股票在跌勢，下一步應該往下走，依此得出該賣的結論。

在實際操作中，買賣只是作業系統的一部分，其他包括意外發生之後如何回應等。**股市的信條之一便是「順勢而行」，並沒有要求大家「測勢而行」**！

順勢和測勢在思考方法上有本質的區別。你的分析結果是該買股了，但問題是買多少、如何分倉、如何停損、自己總體資產的數額和配置安排如何等，都必須包括在你的總體考慮之內。

第四節

什麼是合理的價位？

我們知道，在某個價位，有人願買，有人願賣，一旦成交，股價就確定了。有些人認為股價合理，也有人認為荒謬，但合理或荒謬的根據是什麼？有這樣的根據存在嗎？股票的價格和價值到底有什麼樣的關係？

這是很難回答的問題，這個問題的答案也隨時間的變化而變化。

首先讓我們看看現代金融理論中最流行的「現金值法」是如何判斷合理股價的。

現金值

什麼是現金值？如果假設通貨膨脹一〇%，則今年的一元是一元，明年的一元就僅能買今天〇．九元的東西，所以明年一元的現金值是〇．九元。同樣的道理，後年的一元能買今天〇．八一元（0.9×0.9）的東西，它的現金值便是〇．八一元。依此類推，十年後一元的現金值要十個〇．九相乘，約等於〇．三八七元，即十年後的一元只能買今天價值不到四毛錢的東西。

假設某股票每年可賺一元，年年如此，而且通貨膨脹也是每年一〇%不變，那麼這檔股票每年賺錢的現金值總和便是一個簡單的等比級別的總和：

$$1 + 0.9 + 0.81 + 0.729 + \cdots = 10$$ ❷

這個十元就是該股票的現金值。

當今華爾街通常將股票的現金值當成股票的合理價值，即這檔股票價值十元，若股價在

❷此算式為一等比級數，公式為 $S_n=\frac{a_1(q^n-1)}{q-1}$，此例中 $a_1=1$，$q=0.9$，$n=$無窮大，其總和數為10。

十元以下交易，分析師就會說股價低估了，否則便是高估了。

大家有沒有注意到，要得到股票的現金值需要兩個假設，一個是通貨膨脹，另一個是未來盈利。如果有機會看到華爾街證券分析師的報告，通常會看到這兩個假設，而且會按照這兩個假設得到的現金值判斷股票的合理價位。由於假設人人會做，巧妙各有不同，所以不同的分析師對同一檔股票常常產生完全不同的結論，有人說股價高了，有人說股價低了，各有理由。

請大家注意，由於沒有人知道未來，所以任何用現金值法得到的結論都是「猜測」的結果。或許講「猜測」難聽些，用「合理的推測」會讓這些分析師感覺好一點。但也就是因為這個缺陷，沒有人知道未來，所以分析師對股價的評估都只能作為參考，沒有人曉得他的假設對還是不對，因為你如何知道後年的通貨膨脹數字？

第一章講了個母豬變鳳凰的故事，給大家的印象似乎是股價和價值完全沒關係。例子雖然成立，但在現實中總有變化；現實中，人們總是試圖合理評價股價，並且用來當做行動的參考，但太離譜的東西不會長久存在。

德國投資大師安德烈．科斯托蘭尼（André Kostolany）對股價和股值形容得很好：「**想像你外出遛狗，狗有時跑在前面，有時跑在後面；你拴狗的繩子也有時長、有時短，但無論如何，狗最終會跑回你身邊。你就是價值，狗就是價格。**」

體會一下這個例子，你會明白很多東西。太離譜的股價會出現，但通常不會維持太久。

有人願買，有人願賣，價格就確定了，這很容易明白和接受。

更多人會問：價值是什麼？它又如何訂定？憑什麼訂？標準是什麼？一斤豬肉五元，一棟房子五百萬元，它們有使用價值，所以金錢價值也容易接受。那麼股票呢？股票沒有使用價值，它代表了企業的股份，而股份的價值判斷也隨時間而改變，代表企業的財富在不同的時代有不同的內容。

如何估算財產價值？

我看過一篇文章，內容陳述歐洲遠古人的食物主要是肉食。透過對歐洲遠古人糞便的分析得知，他們食物中肉的成分超過七〇％。隨著時間推移，歐洲遠古人膳食中穀物的含量不斷增加，肉食不斷減少，直到近代才相對穩定。

這篇文章將人類發展分成狩獵社會、農業社會、工業社會和資訊社會。讓我們看看這些不同社會的價值觀念如何變化。

在狩獵社會，土地沒有價值，它無法提供溫飽，無助於生命的延續。財富的表徵是人的狩獵能力，包括你的力量、奔跑速度、張弓的精確度等。這個時代對現代人的觀念影響最深的，大概就是女性還是比較喜歡配偶個子高力氣大。

進入農業社會，對價值和財富的判定產生了很大的變化。財富的概念從狩獵的能力轉移到擁有土地的數量和耕地的技巧。你的勇敢、奔跑的速度不再那麼重要，重要的是你所擁有的土地及這些土地能帶來的收成。若是自己不能耕種，也可以請人代勞。無論這些土地用來種植糧食或放牧，財富都和擁有土地的數量有關。請注意，從狩獵社會到農業社會，人們衡量財富和價值的標準已經完全不同，它已從人的高大健壯轉移到土地的擁有。

進入工業社會，這個價值判斷又有了新的尺規，它從土地擁有轉移到製造能力和運輸能力。特別自十九世紀出現內燃機和電動馬達，它使得大規模的機械化生產成為可能。人們在很少的土地上建造工廠，生產出驚人數量的產品。這些產品經蒸汽機推動的輪船運往世界各地，創造出驚人數字的財富，這個過程不受季節影響，也和天氣無關。

機械化生產使得價值的判斷變複雜了。習慣了農業社會思維方式的生意人（或金融分析師）可能會說出這樣的話：「你看看，那間公司的股票價錢完全瘋了！它擁有一間小小的響個不停的工廠，只有那麼一點點土地，不生產麥子，也不可能生產麥子。現在公司的合理價錢是它所擁有的土地年產小麥的五倍，而那間叫什麼工廠的公司價格居然賣到它所擁有土地可能年產小麥的五千倍。人們完全瘋了，這樣的公司的股票居然有人買！」

生活在兩百年後的我們或許會將上面一段話當成笑話，但是請看看我們周圍，誰知道如何合理評估網路公司？網路公司的評估標準是什麼？什麼樣的股價才是合理的股價？大多數的網路公司既不擁有土地，也沒有工廠，只有幾位目光呆滯的年輕人在辦公室敲著鍵盤。這些公司很多現在都不賺錢，在可預見的未來也看不到賺錢的希望。

現今資訊社會流行的企業評估標準，例如本益比、現金值、固定資產值等，用來評估工業社會的企業，它取代了農業社會丈量土地的方法，但用它來評估資訊社會的企業可能不太合適。

最近幾年，網路股之所以大起大落，某種程度是因為社會不知道如何評估這些新型企業的價值在金融市場的反應。資訊社會的企業應該如何合理評估，還有待新理論的出現。也許會有讀者成為新理論的開創人，但在新的、能為大眾接受的評估標準出現之前，可以預見這些企業的股價還會大起大落。

我們應該慶幸這些新困惑的出現，因為它表示人類文明又前進了一大步。

第三章

炒股成功的要素

炒友必須牢牢記住：

股市從來都沒錯，它總是要走自己要走的路，會出錯的只有你自己。

你所能做的只有追隨股市。

見到危險訊號，不要三心二意，不要存有幻想，把股票全部脫手。

幾天以後，也許一切又恢復正常，你一樣可以重新入場。

透過自己的觀察和研究不斷累積經驗，將每次入場獲勝的機率從五〇％提高到六〇％，甚至七〇％，而且每次進場不要下注太大，應該只是本金的小部分，這樣長期下來你就能久賭必贏。

任何對炒股有一定認識的人都明白，炒股所需的具體知識少得可憐。影響股票漲跌的因素就是這麼多，真正重要的因素列出來都占不滿你的手指，甚至不識字的人也可以在股市露一手。股票的引誘力也廣為人知，如果做得好，前景自然是大放光明，但這樣的行業成功率甚至低過減肥！

為什麼呢？因為人們常常做不到自己知道該做的事情！

炒手想的和你不一樣

在進入具體買賣技巧的探討之前，我希望讀者們能明白在炒股這行成功必須有什麼樣的思考方式。炒股的目的是從股市賺錢，但想賺錢不表示你就能賺到錢。你必須在正確的時間做正確的事，賺錢只是結果。因為你在正確的時間做正確的事，所以得到了報酬。

首先必須以「保本」為第一要務，在保本的基礎上再考慮怎樣賺錢。保本不是說保就能保得住，除非你不涉足股市。只要你把資金投入股市，就有虧本的可能。股票何時運動正常的概念非常重要，我在這裡特地加了一段，如果你對股票何時運動正常完全沒概念，你去炒股無非是瞎貓碰到死耗子。

學股之路艱難且漫長，想要從股票學校畢業，學股人必須有一定的素質。只有具備這些素質，才可能熬過黑暗時光，否則成功只是幻想。如果你還不具備成功投資者具有的特質，希望你從今天開始培養，那特質就是——除了毅力之外，沒有別的要求。

第一節　炒股成功的基本要訣

任何有虧損的行為都可稱為「投機行為」。在投機遊戲中，你希望最好的結果，但同時也為可能的失敗做好準備。炒股的行為便是典型的例子。

投機本身是門學問。幾何學有幾何原理，投機學也有它固定的投機原理。作為投機遊戲的參與者，你必須遵循投機原理。以這些原理做指導，鍛鍊遊戲技巧，隨著時間推移，你對理論的理解愈來愈深，玩遊戲的技巧愈來愈熟練，如此一來就能成為一名專家。

那麼投機的原理是什麼呢？它的精華可以濃縮成「敗而不倒」、「追求卓越」這八個字。這兩句不是我的發明，是我們祖先幾千年流傳下來的做生意的智慧！

本錢沒了，你就倒了，無論有什麼好機會，沒有本錢的生意人只能是旁觀者。「敗而不倒」這句話的意思很清楚。「追求卓越」是追求更高的層次；每位生意人都要有「第一桶金」及以後的發揚光大，否則不會成為「慈善家」，你要在正確的時候狠狠撈一把。成為「慈善家」應是每位投機者的最終目的，否則你為何甘冒著高血壓、胃潰瘍的風險炒股？

我相信，敢打算以炒股維生的投資者都有那麼一點背景，不炒股的話，你會有其他方法找吃的；食不果腹的「貧下中農」有炒股維生這種奇想的人不多。「敗而不倒」和「追求卓越」八個字簡單易記，讀者請放在心裡慢慢琢磨，保證你每年都有新的體會。

華爾街對投機原理有許多不同的解釋法，最通行的英文直譯是「資本保存」（capital preservation）以及「恆久利潤」（consistent profit）。「資本保存」對上「敗而不倒」，「恆久利潤」對上「追求卓越」。為了解釋方便，「恆久利潤」又常分為「不斷盈利」和「掙大錢」兩部分。以下讓我們更詳細地探討投機原理和它在股票市場的應用。

投機原理可以應用到其他所有出現勝負的行為上。以「足球」為例，投機原理要求把球先控制在自己腳下，勝球的首要是不失球或少失球等。只有球在自己腳下才可能進攻得分，所以別亂把球丟出去，若不失球或少失球，自然就有更大的勝算；反之，若是一開場就被對方進了三球，那麼比賽該如何繼續進行下去？

保本

炒股是用錢賺錢的行業，一旦你的本金沒了，你就失業了。無論你明天見到多麼好的機會，手上沒有本金，你就只能乾著急。**幾乎所有的行家對炒股的首要建議是：盡量保住本金**。而做到保本的辦法只有兩個：

一、快速停損。

二、別一次下注太多。

炒過股票的朋友都有這樣的經歷：虧小錢時認賠了結容易，虧大錢時認賠了結就十分困難。這是人性的自然反應。在一項投資上虧太多錢的話，對自信心有極大的打擊。如果你有一定的炒股經歷，必然同時擁有賺錢和虧錢的經驗。賺錢時有什麼感覺？通常你會在內心指責自己為什麼一開始不多買一些，下次碰到「應該會賺大錢」的時機，你自然就會下大注。

這種想法極其危險！

炒股這一行，沒有什麼事情是百分之百正確。如果第一手進貨太多，一旦股票下跌，噩夢就開始了。每天下跌，你會希望這是最後一天，有時小小的反彈，你就把它看成大起的前兆；但很快地，這檔股票可能跌得更低，你的心又往下沉，將因此失去理性判斷的能力。人性共通，我算是這些經歷的過來人，對此感到深切的心痛。

具體的做法就是分層下注。如果你預備買一千股某檔股票，第一手別買一千股，先買兩百股試試，看看股票的運動是否符合你的預想，然後再決定下一步如何做。如果不對，盡快停損，如果一切正常，再進四百股，結果又理想的話，買足一千股。由於股票的運動沒有一定的規矩，若是你不入場就不可能賺到錢，而入場就有可能虧錢，所以承擔多少風險便成為每位炒手頭痛的事。金融大鱷喬治．索羅斯（George Soros）在他的自傳中提到，他對應承擔多大風險最感頭痛。解決這個問題並無任何捷徑，只有靠自己在實踐中摸索對風險的承受力，盡量不要超出這個界限。

然而，什麼是你對風險的承受力呢？最簡單的方法就是問問自己是否睡得好。**如果你對某檔股票擔憂到睡不著，表示你承擔了太大風險**。賣掉一部分股票，直到你覺得自己睡得好為止。

把「保本」這個概念牢牢記在心裡，你在炒股時每次犯錯，你的體會就會深一層，等到時間一久，你就知道該怎麼做了。

不斷盈利

讀者或許會嘲笑這樣的題目，炒股如果不是為了盈利，那炒股要幹什麼？難道吃飽了撐著不成？但你注意到「盈利」二字前面是什麼？是「不斷」。在股票市場偶爾賺點錢不難，只要你運氣好就可以了，難的是「不斷」二字。有多少次你聽到朋友說：「我今年不錯，股票大市跌了二〇％，我只虧一〇％，我戰勝了股市！」真的嗎？**任何專業的炒手唯一該問的**

問題應該是「我今年賺了多少」。有誰聽過服裝店老闆說自己比隔壁店少虧錢而洋洋得意的嗎？但我常聽到炒股的人居然會為了虧錢而自豪！

其實，這就是炒股艱難的地方。看不見、摸不著的股票讓一般人的判斷力走了樣。

要想在股市不斷賺錢，除了知識和經驗之外就是「忍耐」，等待賺錢的時機。問問一般的投資人，他們入市資金有多少買了股票？有多少是現金？你會很驚奇地發現，一般投資人幾乎把入市資金全部買了股票，不管是牛市還是熊市，他們都是這樣的。

這些人有一個共同的想法：「我的錢是用來賺錢的。」讀者若有機會到賭場看看，就會明白投資人為什麼會這樣做。賭客站在賭桌旁，一注都不肯放過，生怕下一手就是自己贏錢的機會，直到輸完才會收手。**股市有時完全無序，你根本不知股票下一步會如何運動**。就像你的女朋友生氣時一樣，你不知道她在想什麼，不知道她要幹什麼。這時最佳的方法就是別惹她。同樣的情形發生在股票市場上也一樣——別碰股票。

股票大多數時候很理性、規律。雖然每檔股票的個性都不一樣，但大同小異，你需要不斷研究、不斷觀察，等經驗累積到一定程度，就知道如何順勢而行了。等待、忍耐、觀察，只有在股票的運作符合你的入場條件時才入場。唯有如此，你才能夠確定入場的獲勝機率大過五〇%。在這基礎上，才有可能不斷盈利。當然，千萬別忘了保本。

只有在確定勝算時入場，你才能大大提高成功機率，使得不斷盈利成為可能。看看你周圍的投資人，大都是有時虧一點、有時賺一點，算總帳的曲線通常向下走，這就是典型的沒達到不斷盈利層次的表象。過了這關，你就會看到帳面上偶爾會虧錢但虧小錢，大多數時候都在賺錢，總帳的曲線是向上的。

賺大錢

給讀者出一道題：在你面前是兩位炒手的交易紀錄，他們去年都翻了一倍，也就是一〇〇％的報酬率。一位是股市常勝軍，他的交易全部賺錢，有買必賺，雖然每次賺的都不多，但他的交易紀錄密密麻麻一大疊，積少成多，賺了一〇〇％；另一位的運氣似乎不怎麼樣，交易中虧的次數多，賺的次數少，但他虧時虧的錢少，賺時賺的錢多，特別是有檔股票賣出價較買入價升了四倍，算總帳也賺了一〇〇％。你如何評價這兩位股票炒手？

兩人中的一位是運氣很好的新手，另一位可是資深的專業炒手。你現在大概能猜到哪位是哪位？從他們的交易紀錄，你體會到什麼了嗎？在現實生活中，專業炒手的紀錄幾乎都像上述一樣，他們明白股票買賣不可能每次都正確，那麼為何要在錯誤的時候付出這麼大的代價？但在他們正確的時候，他們試圖從中得到最大的利潤。可是新手們很少有這麼好的運氣，他們通常把賺錢的股票首先出手，滿足於賺些蠅頭小利，但結果往往是手頭上有一大堆套牢的股票。

想像你手裡有一萬元，你告訴自己要分散風險，每檔股票只投入十分之一，也就是一千元，一年下來，五升五跌，五檔股票跌了一〇％，四檔升了一〇％，另一檔升了二〇〇％，這一萬元變成一萬一千九百元，近二〇％的投資報酬率，其中那檔升了二〇〇％的股票是成功的決定性因素。

炒過股的朋友碰過五元的股票升到十五元嗎？這樣的機會多不多？你抓到多少？是否常常過早離場？讓你過早離場的主要原因有兩個：

一、人好貪小便宜。

二、不夠經驗判斷股票運動是否正常。

得到小便宜總是令人感到愉快，因此每次賣掉賺錢的股票時，都覺得自己是炒股天才，想到餐廳好好慶賀一番。你總是試圖重複這類愉快的經歷。所以我們看到新手賺錢時通常只賺小錢。

話說回來，如果你知道五元的股票會升到十五元，你也絕不會提早離場。問題是你不能確定，這便涉及股票運動是否正常的判定問題，具體內容請參考第二章第二節「技術分析的基本知識」，談論股票的正常運動與週期性運動一段。在這裡我要強調的是，只要股票運動正常，就必須按兵不動。**炒股高手李佛摩特別指出，他炒股的祕訣並非是如何思考，而是在買對股票的時候能按兵不動。**

這是很難的一件事，你要克服對脫手獲利的衝動。

另一點要強調的是，如果你確定股票運動正常，你的勝算很大，這時應該在這檔股票上適當地加大下注比重。如果致勝機率是六〇％，你下一〇％的注，但經驗告訴你這次的致勝機率是八〇％，你就應加注。從一〇％提高到三〇％，甚至五〇％，直覺上你能明白為什麼應該這樣做。具體如何下注的藝術請參考下面「如何在股市下注？下多少注？」一節。

第二節

如何在股市下注？下多少注？

「敗而不倒」，這是做生意的最基本法則。朋友，你將省吃儉用攢下的血汗錢投入股市，買了某公司的股票，成為那家公司的股東，你就是在投資生意。你把錢投資在股票上和投資住家隔壁的小吃店本質上完全相同，差別就在於那家公司的股票公開掛牌上市了，你家隔壁小吃店的股票未曾上市。如果小吃店的老闆請你投資，你會如何思考？你正面臨了「投不投資？」和「投資多少錢？」這兩個問題。如果不投資就無下述問題，但如果決定投資的話，投資多少錢就得費盡思量了……

入市前先自問：「我虧得起嗎？」

一個人無論做什麼投資，思考的第一個問題必須是：「我虧得起嗎？」如果你有福氣，在某單位有份待遇優渥的好差事，不用怕被炒魷魚，薪水準時發，連衛生紙都會準時送到手上，那麼恭喜你！你把用不完的鈔票放進股市尋求刺激，勝固可喜，敗亦不足憂，你不必考慮什麼「敗而不倒」之類的廢話。但若很不幸地，你和我一樣是一位現賺現吃的窮小子，時時擔憂下個月菜錢從哪裡來的不幸人……

假如你失敗了，就得開始擔心一家老小下一餐的著落，那麼「我虧得起嗎？」這句話對你來說是十分沉重的。

我在紐約擔任地產經紀人時，老闆是台灣赴美的早期留學生。他在一九七〇年代末投身地產界，那幾年間風生水起，連《紐約時報》（*The New York Times*）都專文介紹這位台裔地產新星。但八〇年代末期美國地產低潮，他不幸被套牢了，其間雖有小虧解套的機會，可是大家知道，一旦人有了一定的地位，要虧錢認輸是多麼困難的一件事。

最後他以破產告終，和自己的房子、車子揮手告別，不帶走一片雲彩，今天不知人在何方。他們夫妻兩人都是高級知識份子，很有教養，三個孩子也非常聰明懂事，我十分尊敬他們的為人。但他們做生意沒有遵循「適時停損」及「敗而不倒」的原則，承擔超出自己承受力的風險，運氣好時像流星一樣升起，運氣不好時便如流星般消失。因為這家公司倒了，我才決定進商學院進修工商管理碩士學位。我現在還常常想起他們，希望他們生活如意。

提高獲勝機率

炒股是虧錢容易賺錢難的行業。假設你手上有一萬元資本，虧掉五〇%後剩下五千元。如果想回到一萬元就必須賺一〇〇%，五千元要翻一倍才會回到一萬元。任何有基本數學概念的人都知道，一〇〇%的道路要比五〇%來得漫長。股票當然不例外。

對炒股票而言，賭的次數很多。久賭常勝的關鍵之一便是「下好注」。如何下注是藝術，沒有絕對的是非之分。但有門科學叫「機率」，對於如何完善下注的藝術提供了科學的參考。以下用生活的例子而非抽象的數學公式引導大家思考。

我們都知道，拋硬幣出現正面和反面的機會各是五〇%，也就是有一半的機率出正面，一半的機率出反面。假設你今天和一位朋友賭錢，拋硬幣定勝負，出正面你贏一元，出反面你輸一元，你們各拿一千元的本金來賭。這場賭博的結果很清楚，賭久了，誰也贏不了，誰都不會輸。這是一場公平的遊戲。突然你朋友建議說，從下一手起，出正面你贏九角五分，出反面你還是給他一元。你還賭嗎？當然不賭啦，因為你知道遲早被剃光頭。反過來，朋友建議出正面你贏一元，出反面你賠九角五分，你會怎麼想？你一定會大聲說：「好！」因為這時你知道，剃他光頭只是遲早的事，你知道你贏定了！

現在假設這位朋友要提高賭注，每注五百元，出正面你贏五百元，出反面你輸四百七十五元。機率沒變，還是一比〇．九五，但賭注變了，從本金的千分之一提高到二分之一。這時你有什麼想法？你還是知道贏的機會大過虧的機會，但你贏定的感覺沒有了。你的本金只夠賭兩回，你的手開始冒汗。如果這一千元是你下個月的吃飯錢，你還敢賭嗎？

在上面的例子中，你輸贏的機率沒有變化，但下注的金額變了，整個遊戲的性質便發生了變化，你從「贏定了」變成了「沒有贏的把握」。朋友，你炒了幾年股票，覺得自己已經有經驗了，你知道你的經驗有什麼用途嗎？事實上，經驗可以提高每次進場贏錢的機率！

我研究過美國賭場的遊戲，每種遊戲（吃角子老虎機除外）的賭場盈利僅一％至二％之間。也就是在機率上，你每次下注一百美元，只能拿回九十八至九十九美元，和中國買賣股票的手續費差不多。但機率上來說，每次下注都輸一點，完全應驗了「久賭必輸」這句話。所以賭場不怕你贏錢，就怕你不來。

就我的觀察，一般賭客通常帶兩千美元進場，往往不到半小時就剃光頭回家。那時候我覺得賭場真坑人，現在明白這些賭客其實太笨了。就算你不懂技巧亂下注，以通常最低額五美元的標準下注，兩千美元夠耗上兩天，賭場包你吃住，就當做度一次假也不錯。然而這些賭客賺錢的心太急，恨不得立即賺得十萬、八萬的，因此每注下得太大，最終結果也就可想而知。

現在你應該明白在股市不斷賺錢的祕訣了：**透過自己的觀察和研究，不斷累積經驗，將**

自己每次入場獲勝的機率從五〇%提高到六〇%，甚至七〇%，而且每次進場不要下注太大，應該只是本金的小部分。這樣長期下來，你就能「久賭必贏」。

數學的道理很容易明白，每次下注應占本金總額的多少，決定於你的經驗及對風險的承受能力，沒有絕對的百分比。你要記住：「財不入急門」。我在這裡給個建議：新手的話，把本金分成六至八份，每次下其中一份，有了經驗再慢慢減少份數。如果你有六〇%的勝算，下注的數額應該比你有八〇%的勝算時更少。至於如何知道有六〇%的勝算或八〇%的勝算，這就完全取決於自己的經驗。下注的數額和下注的時機也有密切關係，怎樣選擇下注的時機將在第四章第一節「何時買股票？」另行講述，希望讀者可以互相參照閱讀。

抓住正常運動中的股票

要完美地描述何時股票運動正常極其困難。**股票從來不按固定模式運動**，就像你要完美描述人的性格一樣，你很難做到百分之百。這是一門藝術，不是科學。

人在什麼時候會生氣？什麼時候會高興？因人而異，但大體上說，受到讚揚時會高興，被指責時會生氣。**股票也一樣，被追捧時會升，被拋售時會跌，期間可能受一定程度的大戶操作而改變升跌的形態，但總體趨勢不大會改變**。經典的道氏理論特別強調了這一點。股票從來不會恆定不動，它有時活躍，有時安靜，要嘛上升一點，要嘛下跌一點，在一個固定的區間波動，一旦股票開始一個新的走勢，它通常循著一條比較固定的路徑運行。華爾街將這條線稱為「最小阻力線」（line of least resistance），也就是股票在這條線上行走時所受到的阻力最少。

如果股票開始上升走勢，例如正準備從二十元升到五十元，你會發現走勢開始的前幾天，交易量突然增加，股價逐漸攀升；幾天以後，升勢停止，開始下跌。這是「正常」的獲利回吐，下跌時的交易量較上升時顯著減少。讀者們，這個下調很正常，屬於正常運動，千萬不要在此時賣掉股票。如果這檔股票具有上衝的潛力，你會發現幾天內股票又開始活躍，交易量開始增加，上次「自然調低」所失去的「領土」應在短時間內收復，股票再次衝到新的高度。這次運動將持續一段時間，其間每日通常是收盤價高過開盤價，偶爾收盤價低過開盤價，其差額通常不大。交易量也不會有顯著變化，一般情況是減少。或遲或早，股票又會開始下跌，這是新一輪的「獲利回吐」。

這次獲利回吐的股票運動和交易量的特點應該和第一次很相似。上述是股票走升勢時的正常運動。圖3-1顯示出它們應有的特點。

如果讀者覺得還是很抽象，以下用數字來描述一遍，因為掌握股票正常運動的特點對炒股成功極其重要。在股票二十元時，交易量增加，可以是平時的一、兩倍，股價從二十元升到二十一元、二十二元，甚至二十七元。這幾天的交易量較前段時間顯著增加是其特徵。到二十七元時升勢可能停頓，隨即開始下調，股價走勢為二十七↓二十六↓二十四元。這段時

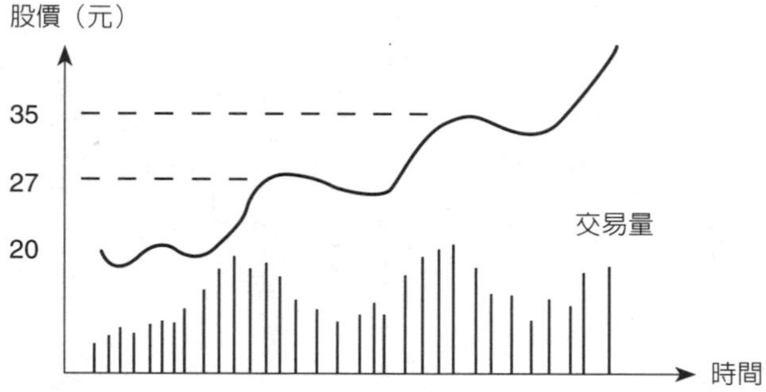

圖 3-1

間的交易量應較從二十元升到二十七元時的平均交易量為少，即股票從二十↓二十七元時買盤大過賣盤，從二十七↓二十四元時的賣盤大過買盤。但這如果是正常的升勢，從二十↓二十七↓二十四這段時間總的買盤大過賣盤。在二十四元徘徊幾天後，股票應重新開始上升，交易量又開始增加，這次上衝應該很快就超過二十七元，股價走勢為二十四↓二十五↓二十七↓三十五元。當股票衝到三十五元時又轉而停頓，隨之下調，重複第一階段的運動。這次下調同樣應有交易量減少的特點。

一支正常運動的股票，每次上衝的強度通常較上一次更為猛烈。以我們這個例子，當股票再次衝破三十五元時，應該很容易直衝到四十五元或五十元，其間並不會感到很大的障礙。回檔是正常的。一位專業炒手絕不能在正常回檔時被嚇出場。入場後開始有利潤了，每次回檔都意謂著紙上利潤減少，一般人的第一感覺就是趕快賣掉獲利，這是新手的顯著特點，也是新手很難在股市賺到大錢的原因。

仔細體會一下，上述也是一個升勢具有的典型特性。所有技術分析的書對升勢的描述都是類似的，這個運動形態也最符合人性的特點。隨著電腦自動交易增加，成交量的意義有所下降，但升勢的基本態勢並沒有變化。

認識股票的正常運動是「順勢而行」的基本功；「順勢而行」是華爾街奉行的行規，受到絕大多數的專業炒手所遵循，後面會介紹。「順勢而行」首先要給「勢」一個定義，這個定義可能因人而異，認識股票的正常運動幫助投資人在「股勢」未改變的情況下，有了判斷的依據，能夠安坐不動。能「安坐不動」是在股市賺到錢的重要技能之一。以上描述了一個正常的升勢。

股票的正常運動還包括如果在跌勢時應該如何、轉折時應該如何，請讀者參考第二章第二節「技術分析的基本知識」。

炒手的任務不僅僅在於確認何時股票運動正常，同樣重要的是，要能認識股票何時運動不正常。股票這種前進兩步、後退一步的過程可能會延續一段時間，有時可能是很長一段時間。這段時間炒手或許會精神鬆懈，這是十分要不得的狀況，因為往往就在你鬆懈下來時，股票運動產生變化。股票緩緩地週期性上升，突然有一天，股票狂漲，從五十元一下子升到五十五元，第二天升到六十二元，這兩天交易量突然大增，但在第二天收盤前半小時，股票從六十二元跌回五十八元。第三天開盤一樣強勁，股票一下子升到六十四元，但第四天，股票似乎失去了衝勁，跌回到六十一元（如圖3-2）。

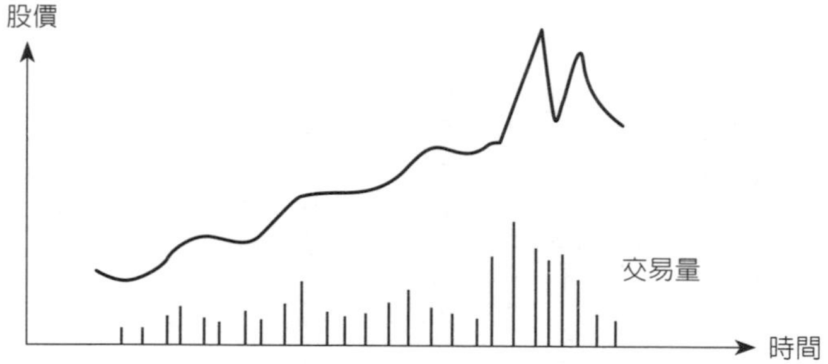

圖 3-2

注意危險信號

前述例子中，第四天股價跌回到六十一元，這是極其明確的危險信號，它告訴你：小心了，危險！

在股票緩慢的上升過程中，它自然地升、自然地跌，突然某天大起大落，這是正常上升過程中未曾發生過的事。一旦有不正常現象出現，炒手們必須特別留意，這時的正常做法就是將股票脫手。

我是這樣理解這個現象的：股票運動後面的主要力量是大戶，這些大戶通常是手握鉅資的基金或保險公司等。當這些基金管理人看好這檔股票、開始吸納它時，你將因此看到交易量上升、股價上揚。這些基金管理人在吸納股票時，並不希望引起大眾注意，所以這一過程大都是緩慢的，不會上報紙或電視的頭條。

一旦這些大戶吸股完畢，你通常會聽到他們開始公開推薦這些股票，引起大眾注意。這些大戶們的資訊比普通人靈通，他們也會很快看到公司有好消息公布，例如開發成功新產品、盈利比預期的更好等。等到這些大戶覺得好消息已全部反映在股價上，他們便開始準備脫手。

由於他們手中握有的股票數量通常很大，如果一下子砸進市場，市場根本承受不了，他們手中的股票很大部分只能在低價出手。為了解決這一問題，他們就要找傻瓜用高價來承接這些股票。找傻瓜的最佳途徑就是讓股價暴升，暴升時通常伴隨著好消息，例如公司任命新董事長了、某證券商強力推薦該股票等。報紙、電視整天都在重複這些消息，引發散戶蜂擁入市。

想想看，散戶因股價暴升而引發貪念入市時買的股票都是誰賣的？一旦大戶找到足夠的傻瓜，便能全身而退，哪裡還去找大買主把股價繼續推高？

你現在明白股票的正常運動及危險信號後面的理由了嗎？

我一直強調，炒股是藝術，不是科學。當不正常的信號燈亮起，是否表示這檔股票就一定要下跌？答案為「否」。沒有人能在任何時候百分之百肯定股票明天會變得如何，也許暴升的理由是公司真的發明了長生不老藥！你必須將股票的運動和公司的發展綜合考慮。

讓我重複一次，炒股的最基本信條是：在任何時候，你手上持有股票的上升潛力必須大過下跌的可能，否則你就不該留在手裡。看到危險信號，表示此時你的獲勝機率已經低於五〇%了。

每位嚴肅的炒手都必須注意危險信號，但問題是，內心深處總有些奇怪的力量，使他們在該賣出時提不起勇氣這麼做，或許是自己的僥倖心理在作怪。在遲疑的這段時間，他們常看到股票又跌了好多點，這時他們會拍著腦袋，大罵自己傻瓜，同時發誓一旦股票有反彈就走人，心中可能想著：「股票跌了這麼多，總該會有個小反彈吧？」但反彈來到時，他們就忘記了自己的誓言，因為在他們眼裡，這時股票運動又開始「正常」起來。通常，這樣的反彈僅是股票在下跌路上的喘息，它很快要繼續走下坡路。

人性有很多缺陷。人希望股票會如何運動，認定股票會如何運動，當股票的運動和預想不符合時，就會認為股市錯了，自己沒錯。但炒友必須牢牢記住，股市從來都沒有錯，它總是走自己要走的路，會出錯的只有你自己。你所能做的只有追隨股市。見到危險信號，不要三心二意，不要存有幻想，把股票全部脱手。幾天後，也許一切又恢復正常，你一樣可以重新入場。如果能這樣做，你將發現你為自己省下了很多焦慮及學費。

如果火車朝你衝來？

華爾街流行的說法是這樣的：你在鐵軌上漫步，見到火車朝你衝來，你應該怎麼辦？你自然應該閃開一邊，待火車離去後，隨時還可以重上鐵道繼續漫步。遲疑不決會危及生命。同樣的道理，此事若發生在炒股上就是危及你的炒股生命。

上述講的是一個正常的股票升勢所具有的特點。時間的跨度通常比較大，從幾個月到幾年都說不定。對一般投資人來說，能抓住整個「勢」的六〇至七〇%就是相當不錯的成績。這也是一般投資人最需掌握的。把時間的跨度縮短，我們就回到了技術分析基本知識的部分，判斷何時股票的運動正常已經包括了那部分的內容，這裡便不再重複。

正確地感悟股票運動何時正常，是最難學、也是炒股成功最關鍵的技巧之一。隨著經驗的增加，你的悟性愈來愈好，對股票運動的判斷力愈來愈強，你就能將每次入場的獲勝機率從五〇提高到六〇%，甚至七〇%，慢慢地你就成了炒股專家。就我對這行的了解及體驗，沒有三年的全職經驗，連門都入不了。

你要準備「熬」！

第三節

成功投資人的特性

要有成爲投資專家的欲望

無論做什麼，沒有欲望是不可能成功的。缺少欲望，你會在碰到些小困難時就打退堂鼓。投資人或許會說：「我的成功欲望很強烈，我很想在股市發財。」真是這麼回事嗎？

美國投資人超過三千萬，華爾街曾經對一般投資人做過調查，結果十分驚人：八〇%的投資人入市並非以賺錢為主要目的，原因為「炒股是金錢遊戲，一個紳士們玩的遊戲，投資人入市的主要目的是參加這個遊戲」。你所有富有的朋友都在炒股，你必須成為他們當中的一員，這樣在大家的閒談中，也能成為「成功人士」的一份子。

每個人或多或少都有賭性，股市提供了滿足賭性的場所，它為你日常煩悶的生活提供了調劑。問問你自己，是否也因為這些原因進入股市？再問一個問題：為了買家裡兩萬元電視機，你跑了幾家店比價？找了多少材料？問過多少人？做了多少研究？但是昨天你花二十萬元買的那檔股票，又做了多少研究？找了多少資料？你買股票下的工夫是買電視機的百分之幾？我在這裡必須指出，**欲望必須在努力上做基礎，否則只是白日夢**；白日夢並不是欲望，是夢。

必須具備鍥而不捨的精神

「鍥而不捨」這句話很容易說出口，但很難做到。記得美國前總統約翰．柯立芝（John Coolidge）有句名言：**「這個世界充滿聰明且失意的人，受過良好教育但成日感嘆懷才不遇的人……他們有個共通性：缺少鍥而不捨的精神。」**

什麼是鍥而不捨的精神？它是在忍無可忍的時候再忍下去的毅力！如果誰認為他能在股

市一炮打響、一飛沖天，他一定是在作白日夢。就算運氣好，一進場就撈了一筆，這筆錢來得容易，但那只是股市暫時借給他的，如果不即刻上岸，股市遲早會向他討回去。**想從股市不斷地賺到錢，你必須有知識、有經驗，你必須成為專家**。

在我炒股這麼多年當中，歷經許多不眠之夜。我的最高紀錄是一天虧掉五萬美元。五萬美元對有錢人來說是小數目，但那時是我全部資產的一半，相當於當時我妻子兩年的工資，而且其中很多是我在餐館端盤子、洗碟子賺來的血汗錢！我今天還能感受到當時的痛苦和麻木，隨後兩星期連飯都吃不下。最痛苦的不是虧錢的數目，錢虧掉不可怕，可怕的是不知道有無本事再賺回來！

我不斷地問自己：這個行業適合我嗎？

我知道大學熬四年能畢業，就算在其他行業當學徒也有出師的時候，但股票大學的畢業典禮在哪裡？像這樣每天工作十小時，不僅今天沒薪水，也不知道以後會不會有報酬？這樣的日子到底要熬多久？我有沒有畢業的可能？我是窮人家的孩子，過的是手停口停的生活，多年省吃儉用的儲蓄一天天減少，這日子有熬出頭的一天嗎？放棄的念頭沒有一刻停下來。有時我還想就算到餐館做服務生，一天也總能賺幾十塊錢。

相信讀者看到這裡可以想像我當時的絕望。當然，若是我當時真的放棄了，讀者也看不到這本書了。

數十年過去，回首往事，有時自己都為自己的韌性感到驕傲。我要和讀者們分享拿破崙・希爾（Napoleon Hill）在他的不朽名著《思考致富》（*Think and Grow Rich*）中的一句話：「**當財富來到的時候，它將來得如此急、如此快，使人好奇在那艱難的歲月，這些財富都躲到哪裡去了？**」我的生活經驗證明這句話確實無誤，這句話和孟子名言「天將降大任於斯人也，必先苦其心志，勞其筋骨，餓其體膚……」有著異曲同工之妙。

如果成功來得太容易，它通常不會持久。這個世界有太多地方能讓頭腦發熱的人摔跤，而且你永遠猜不到會摔在什麼地方。因為成功來得太容易，人往往不知福、不惜福，忘了自己是誰！黎明之前總是最黑暗的，你能熬過這段時間，才能看到光明。

請記住：**成功的祕訣不外乎是「在忍無可忍的時候再忍一忍」**。

要有「與股市鬥，其樂無窮」的氣派

所有成功的投資者對市場及其運作都有極大的興趣，他們喜歡市場所提供的挑戰，有強烈的欲望想戰勝這個市場。

吸引他們在這個市場搏鬥的不是金錢，不是名譽，也不是快速致富。金錢只是他們玩股票遊戲成功後的獎品。對一般人而言，他們進市場的目的是為了賺錢，這一期望使他們在這行成功的機率變得很低。因為這一期望讓他們難以維持冷靜的觀察力，沒有耐性等待必然的結果，一如中國俗語「豬油蒙了心」所說的。李佛摩曾指出：「**一位成功的炒手必須如一位**

成功的商人，正確地預見未來的需求，適時進貨，並耐心地等待盈利的時刻。」

要甘於做孤獨者

幾乎所有成功的投資者都是孤獨者。他們必須是孤獨者，因為他們常要做和大眾不同的事。無論是低買高賣還是高買更高賣，他們都必須維持獨立思考，為了與眾不同，因此做和大眾相反的事非常危險。

他們必須有合理的解釋為何大眾可能不正確，同時預見採用相反思維所將引致的後果，這給他們與眾不同時所需的信心。從孩提時代，我們就深知合群從眾的重要性。胡思亂想、奇怪的主意將使你失去朋友，受到嘲弄。長期以來，我們已習慣於「集體思維」，但炒股需要不同的思考方式。如果股市大多數人都看好某檔股票，他們都已按自己的能力入場，還有誰來買股使得股市繼續升得更高？反之，如果大多數投資人不看好股市，而且已經脫手出場，那麼股市繼續下跌區間也不大了。如果你隨著大流，那麼你將常常在高點入市、低點出市，最終你將成為一名失敗者。

當然，大多數投資人看好大市或不看好大市是很難計算的，你主要透過研究「股勢」來得到答案。這裡強調的是「思考方式」。你從小學到的討人喜歡個性，例如聽話、合群、不標新立異等，都是炒股成功的障礙。

必須具備耐心和自制力

耐心和自制力聽起來都是很簡單但做起來很困難的事。炒股是極其枯燥乏味的工作。讀者可能會嘲笑我的說法，他們或許會說：「我炒過股，我覺得非常刺激好玩。」這是因為你把炒股當成消遣，沒有將它當成嚴肅的工作。我是圍棋愛好者，我覺得圍棋很好玩，但是問問那些下棋維生的人，他們一定會告訴你終日對著棋盤練習是多麼枯燥單調的一件事。這其中的甘苦是一樣的。

每天收集資料、判斷行情，將這些資訊與經驗相互參照，並訂好炒股計畫，偶爾做做或許感覺很興奮、有趣，但積年累月重複同樣的工作就是「苦工」。**若你不把「苦工」當成習慣，你在這行成功的機會就不大**。

因為炒股是如此單調乏味，新手們就喜歡不顧外在條件地在股市跳進跳出，尋求刺激。但在最後計算成果時，你自然明白想要尋求刺激的代價多麼高昂。你必須培養自己的耐心和自制力，否則難以在這行成功。

看過獅子是怎樣捕獵的嗎？牠耐心等待獵物，只有在時機及取勝機會都適合的時候才從草叢中跳出來。成功的炒手具有同樣的特點，他絕不為炒股而炒股，他等待合適的時機，然後採取行動。

等待時機也如種植花草。大家都知道春天是播種的時候，無論你多麼喜歡花，在冬天播種的結果將會是什麼，這很清楚。你不能太早，也不能太遲，**在正確的時間和環境做正確的事，才有可能得到預想的效果**。不幸的是，對業餘炒手而言，往往不是沒有耐心，也不是不知道危險，他們也知道春天是播種的時機，但問題是，他們沒有足夠的知識和經驗判定何時是春天！

這需要漫長且艱難的學習過程，除了熬之外，沒有其他辦法。當你經歷了足夠的升跌，你的資金隨升跌起伏，你的希望和恐懼隨升跌而擺動，逐漸地，你的靈感就培養起來了。

必須有一套適合自己的炒股模式

炒股高手只有在股票的外在條件（包括基本分析、技術分析及股票大勢）符合自己的作戰計畫時才採取行動。俗話說「條條道路通羅馬」，這裡的「羅馬」就是累積財富，成為股票遊戲的勝利者，而「道路」就是你自己的方法。

採用什麼道路並不重要，重要的是這條道路必須符合你的個性，你走起來輕鬆愉快，有信心能走遠路。在這基礎上，你才會對自己的方法有信心，最終不斷完善自己的方法以取得最高效率。

必須具有超前的想像力及對未來的判斷

這並不是說優秀的投資人擁有一般人未具備的第六感，而是他們有能力自繁雜的資訊中理出頭緒。大多數人注重於今天發生的一切，並假設今天發生的一切會不斷延續，但優秀的投資人會看得更遠一步，預想今天的情形在什麼情況下會停滯，甚至產生逆轉。他們並不比一般人聰明，但他們獨立思考，不拘泥於成見，看到苗頭改變時，便立即採取行動，絕不拖泥帶水。

成功的投資人絕不幻想

一旦你把資金投入某檔股票，按原來的預想這檔股票的運動不對，你會怎麼辦？一般人常常想像出各種理由把這一不正常的運動「合理化」。這種為避免認賠了結的痛苦合理化假設極其致命，也是許多有一定經驗的炒手最終不得不舉手投降的主要原因。一位成功的投資人絕不讓情感左右自己，即使有，程度也很小。無論認賠了結認錯是多麼痛苦，也絕不遲疑。他們明白，讓這樣的情況延續只會帶來更大的痛苦和損失。業餘炒手很少問自己一個問題：「假如我今天手邊有錢，還會買這檔股票嗎？」就算是問了，也會找成堆的理由來安慰自己：「隔壁老王說這檔股票的下跌只是暫時的。」「賣出股票要手續費。」等等。總歸一句話，業餘炒手想方設法不去停損。

要有應用知識的毅力

怎樣才能減肥？答案其實只有四個字：少吃多動。減肥的知識是如此簡單，減肥應是輕而易舉吧？事實正好相反。美國有個統計，每一百人參加減肥訓練，只有十二個人降低了體重，而其中又只有兩個人將體重降低持續一年以上，也就是只有二%的成功率。減肥失敗的原因不是因為學習減肥多麼困難，而是因為大多數人缺少每天應用這些知識的毅力。你很想吃蛋糕，但你知道這塊蛋糕一下肚，運動一整天的效果就泡湯了，你忍得住嗎？你訂好計畫，每天吃什麼、運動多久，可是你堅持了多久？

炒股也是一樣，任何對炒股有一定認識的人都明白，炒股所需要的具體知識少得可憐。股票只有兩條路可走，不是上就是下，影響股票升跌的因素就是這麼多，真正重要的因素列出來占不滿你的手指，甚至不識字的也可以在股市露一手。股票的引誘力也眾所周知，你如果做得好，前景大大光明。

這樣的行業成功率甚至低過減肥！為什麼？因為人們常常做不到自己該做的事！

人們都知道，誠實是取信於人的不二法門，有多少人做到了？我欣賞王安電腦公司創辦人王安的話：「我可能沒有把我知道的全部告訴你，但我告訴你的全部都是真的。」我們都知道「貪」是受騙的根源，有多少人能做到「不貪」？報紙上天天講的騙人和被騙的故事都是如何發生的？我們都知道努力是成功的基石，大家都想成功，有多少人做到了「努力」？或許有人認為每天工作八小時就已經很「努力」了，這未免太簡單了些。我們都知道應該「今日事今日畢」，有多少人做到了？這樣的例子很多很多。這些都是不難做到的事，需要的不過是身體力行，但大多數人都失敗了。

一位成功的投資人應十分留意怎樣將知識應用在炒股中，他不會因為應用這些知識的枯燥而忽略細節。在日常生活中，獲得知識通常不難，而是難在用毅力操作這些知識。在炒股問題上，我堅信「知易行難」之說。

第四章

何時買股票？
何時賣股票？

華爾街將炒股訣竅歸納成一句話：「截短虧，讓利潤奔跑！」
意思是：一見股票情況不對，即刻停損，把它縮得愈短愈好！
一旦有了利潤，就必須讓利潤奔跑，從小利潤跑成大利潤。

第一節

何時買股票？

前面談了股票的性質與特點、炒股基礎知識和炒股成功的基本要素，本章將專門探討最技術性的實戰問題：怎樣買賣股票。

這個問題我打算從買賣股票依據的「基本原則」、「買入操作的技巧」、「選擇股票的程序」等方面加以闡述。

基本原則

在我討論「何時買股票？」之前，我要提醒各位讀者，就我多年的炒股經驗，選買點的最重要點是選擇停損點。也就是在你進場之前，你必須很清楚若股票的運動和預期不合，就得決定在何點停損離場。換句話說，**在投資做生意前，不要老是想著要賺多少錢，首先應該清楚自己能虧得起多少**。有些人以一〇％的數量當做停損基數，也就是十元進的股票，以九元作為停損點。有些人將停損點定在支撐線稍下，有些人定二〇％的停損額，還有其他各種方法。無論什麼方法都必須有個停損點，這個停損點不應超出投資額的二〇％。請讀者切記，否則一切都是空談。

買股票的依據主要有三點：「價值分析」、「技術分析」及「大市走向」。有些人買股票只看價值分析，也就是只研究公司的本身價值，不看其他，股神巴菲特便是代表人物。有些人只看技術分析，認為市場對該股票的看法全部表現在股價及其交易量的變化之上。大多數的炒手屬於第二類。

無論哪一種，只要你做得好，都可以獲得好結果。但對一般的炒手而言，要僅靠基本分析來炒股很困難，因為你不可能獲得完善的資料來判定公司的價值。如果你是大基金的管理人，買了某公司的大批股票，你可以派個人到公司坐鎮，了解公司的細節。但對一般人來說，這是不可能的。公司的財務報表僅表明了過去的經營情況，並不代表未來的發展。依據華爾街的說法，**股票的價格反應的是股票半年或更遠未來的公司前景**。

我自己的方法是用價值分析來找股票，找到股票後的操作主要依靠技術分析。我總是選擇那些我入場時勝算最大的點，而且每次下注都只是我資本的一小部分，同時把握「虧錢時虧小錢，賺錢時賺大錢」的原則及時停損。老實說，我差不多就像在開賭場，每次入場時的獲勝機率都超過五〇%，而且我只下小注，所以我久賭必贏。

在第二章第二節「技術分析的基本知識」中，我介紹了幾個圖，圖中所有的突破點都可以叫做「臨界點」，而我總是將買賣控制在臨界點附近。什麼是「臨界點」呢？大家都知道水在攝氏一百度會變成蒸汽，科學上稱一百度正是水的臨界點。同樣的道理，衣服成本價是

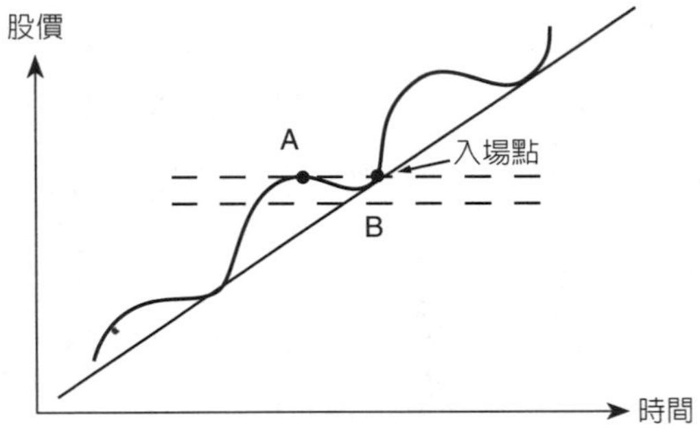

圖 4-1

家庭主婦們買衣服的臨界點，在這個價格上買衣服被宰的機會最小。在股票操作上，這些點往往是大眾對股價重新評估的點，也就是在這些點上，你入場的獲勝機率最高。**買股票的技巧，全在於如何尋找臨界點**。

操作技巧

以下讓我們分析一下買股票時應如何具體操作。

一、升勢時的操作

在圖4-1中，假如這是一個正常的升勢，A、B點分別是波峰和波谷。一旦股價超過A點，便是好的買入點。假設A為十五元，B為十三元，則好的買入點是十五・一元或十五・五元，因為你可能判定這是新一波的開始。假如股價升到十六・五元，便可將賣出價定在十五・五元。記住保本。

如果繼續上升，你應該忘掉入場價，專注於股票的運動是否正常。停損點應如何定呢？有兩種方法：

第一、A為十五元，把停損點定在十四元。

第二、B為十三元，把停損點定在十三元。

這得看你對風險的承受力。但無論如何，一旦股價跌穿B點時就必須走人。記得升勢的定義嗎？正常的升勢應該一浪高過一浪，如果股價高過A但隨即擊穿B，表示升勢已被暫時否定。你必須在場外觀望，重新尋找機會。

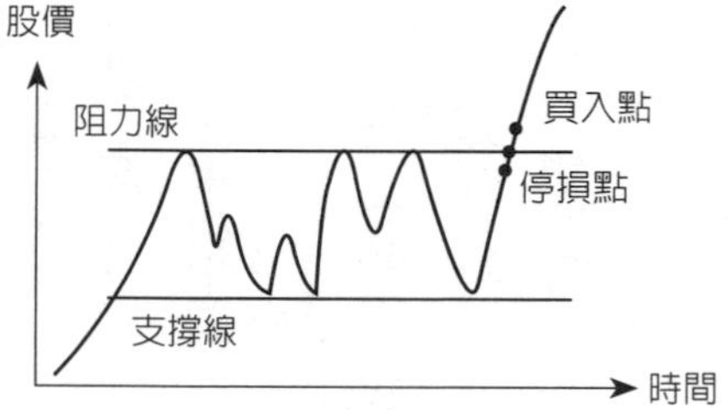

圖 4-2

二、阻力線和支撐線的操作

圖4-2標示了阻力線上的買點及停損點。假設阻力線是十五元，一旦股價突破十五元即可考慮入場。把停損點定在十四・五元或十四元，永遠記住只能虧小錢。股票一旦穿越阻力線，正常運動是繼續上升，如果又跌穿回頭，表示股票運動不正常，早先的穿越是假訊號，可能是大戶在搞鬼。

有時股票跌到你的停損點又馬上回頭，這也不要緊，你可以再入場，再入場的點以上一波的高點所示。這類場合常常碰到，但這是唯一正確的做法。虧的錢等於買了保險，防止了虧大錢的可能。

圖 4-3 顯示了支撐線的買點及停損點。如果股價一碰到支撐線就反彈，你有理由相信此時股價接近谷底。但如果買入的話，你必須在支撐線之下定個停損點，因為股票價格跌穿支撐線，繼續下跌的機率就大過上升的機率。

三、雙肩圖和頭肩圖的操作

這裡只標出正雙肩（參圖 4-4）和倒頭肩（參圖 4-5）兩種圖。正雙肩圖不提供買的機會，它標明賣點在哪裡。倒頭肩圖的操作法和阻力線上的操作法相同。

以上講了三個基本圖形的操作法，道理其實相當簡單，讀者不妨回到第二章第二節的「綜合看圖」那段，體會可能會更深一些。一般的股票波動就是這幾種圖顛來倒去。頭肩圖中的頭和肩如果平行，就變成三肩圖。把升勢時的波峰連接，再把波谷連接，你就看到通道。就我自己的經驗，最有用的概念是阻力線和支撐線，理論上它們最容易解釋，在實際中它們也最為有效。

我們可以把買入的要點歸納一下：

第一，買入之前，一定要參照股票的走勢圖，因為它是大眾投資心理的反映。

第二，買入之前先定好停損點，搞清楚你最多願虧多少錢。切記照辦。

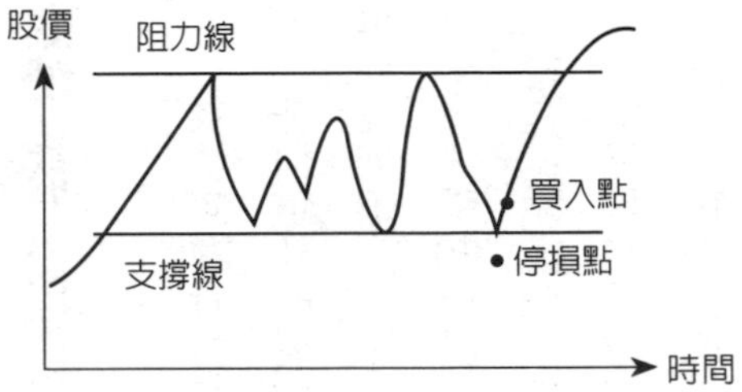

圖 4-3

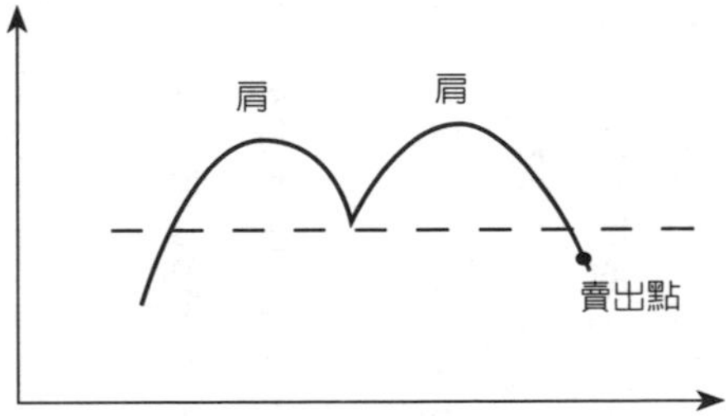

圖 4-4 正雙肩

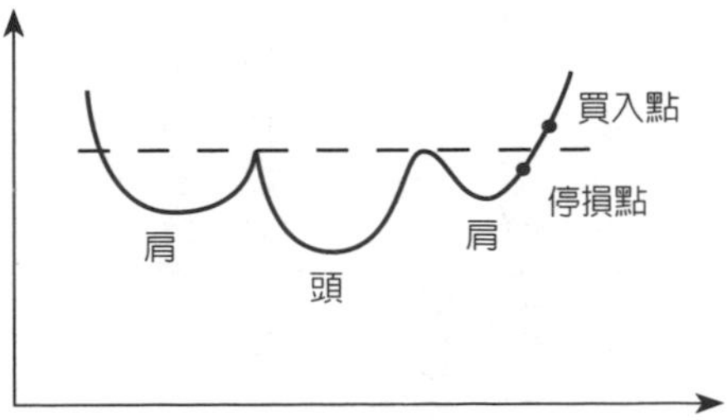

圖 4-5 倒頭肩

第三，選擇臨界點，記住你不可能每一次都正確，所以入場點的獲勝機率應該大過失敗機率。

第四，最好在升勢或突破阻力線準備開始升勢的時候買入。

第五，絕不要在跌勢時入市。

第六，不要把「股票已跌得很低」作為買入的理由，你不知道它還會跌多少！

第七，不要把「好消息」或「專家推薦」作為買的理由，特別是在這些好消息公布之前，股票已升了一大截的情況下。

第八，記住這些要點以及點點照辦。

以上討論了幾個臨界點，在基礎知識上討論了這些臨界點所形成的心理。不過，臨界點是不是只有這幾個呢？答案當然是否定的。**學習尋找臨界點的過程其實就是學股的過程**，當然其中還包括學習炒股的正確心態。坦白說，學習找臨界點的技巧比較容易，培養心態才真正困難。

關鍵在於「把握臨界點」

為了使讀者對臨界點有更深的認識，讓我們做些更進一步的思考。股市是講究大錢的地方，任何這樣的場所都一定有大戶在興風作浪，中國的股市是這樣，美國的股市是這樣，全世界任何地方的股市都毫無例外。

人人都知道股價突破阻力線時是好的買入點，大戶也知道。如果你是大戶會怎麼做呢？你會在低點吸納，再人為地創造出大眾認為好的買入點，引起大眾的興趣，這時再把股票拋掉。這就是常常看到股票突破阻力線後回檔的原因。但有一點可以確定，短線操作的資金都是熱錢，它不會長久留在某檔股票上，除非大戶認為該股真的具有潛力。

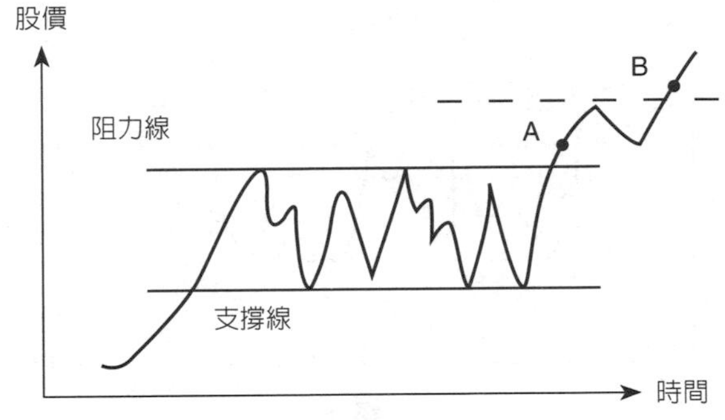

圖 4-6

如圖4-6中的A、B兩點，如果股票突破阻力線，A點便是好的買入點。稍微回檔後，如果股票能夠突破上回波浪的高點達到B點，那麼B點才是更好的買入點。因為你基本上可以確定熱錢已經離場，市場真正看好這檔股票。操作時可以分兩段進行，如果你準備買一千股，可以在A點先買進兩百至三百股，將其餘的部分在B點買入。

讀者或許會問，為什麼不將一千股全在B點買入？因為這樣可以防備有些強勢的股票，根本就不給回檔的機會，一過阻力線便一飛沖天，如果你看好這檔股票，卻失去這樣一飛沖天的機會，心裡會很懊惱。這樣做也符合下注的原則，即對勝利的把握愈大，下的注就愈大。這裡要再次強調交易量的重要性，如果交易量沒有增加，突破阻力線的現象並不具太大意義，請讀者自己思考一下其中的緣由。**只有在交易量增加的前提下，突破阻力線才可以認為股票的運動已進入新的階段。**

讓我們再看一個例子，參圖4-7。

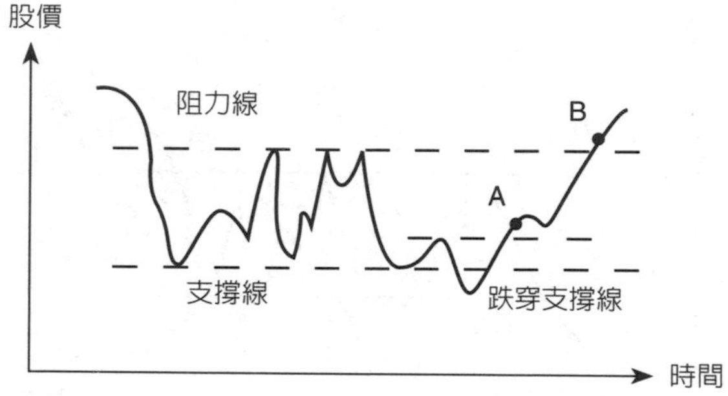

圖 4-7

在這個例子中，股價跌穿支撐線即刻反彈，A點便是極好的買點。想像一下你是有錢的大戶，握有一批該公司的股票，而且你已確知該公司很快有一個好消息會公布，你會如何做？首先你會拋售手中的股票，讓股價跌破支撐線，因為你知道股價一旦跌破支撐線，會引發市場恐慌性地拋售，這時你開始大量吸納。

以我自己的經驗，如果股價跌穿支撐線，交易量大增且股價很快彈回支撐線之上，這是極佳的買入機會。我自己碰到這樣的機會十次中有九次賺錢。

大戶們操縱股票其實就是那幾招，你只要專心觀察股票的運動和交易量的變化，想像你是大戶會如何調動大眾心理，大戶的花招其實明顯得很。講白了，他們想買進的時候，要嘛靜悄悄，要嘛想引起大眾恐慌性地拋售。前者你會看到交易量增加但不明顯，股價慢慢地一步步升高，後者則是弄一些大家公認的好賣點。大戶想賣的時候，要嘛先買進，造成股價狂升，引發投資人貪念去搶抬轎子，要嘛就弄出一些大眾公認的好買點。由於他們通常手握鉅資，要做到這些並不難。但他們的動作必定會從股價及交易量的變動中露出尾巴，只要你有足夠的經驗，就明白怎麼跟著玩。

你要記住，你買的股票都是別人賣給你的，你賣的股票都被別人買去了。想像你的對手是誰，如果是大戶，你炒股大概就常虧錢，如果是散戶，你大概已贏多過於輸。

細細揣摩這幾句話，哪一天你發覺自己真正明白了，就會覺得炒股的路上一下子寬廣了許多。

以上我們談了如何選臨界點買進股票，以及如何定停損點離場。如果你是一位較長期的投資人，不要注重大戶的操縱，他們的操縱只能影響股票的短期波動，不能影響大勢。但就俗語所言：「好的開始是成功的一半。」

一個正確的入場點會使你少傷很多腦筋。以下我們再來談談如何選股票來買。買股的時機固然重要，但買什麼股票也擁有同樣的分量。

選擇股票的步驟

在選擇股票之前，首先你需要選擇股票的類別，例如地產股、金融股、電子股等。讓我將這個過程簡化成以下三個步驟：

第一，什麼是大市的走向？如果大市不好，你最好什麼都別買，安坐不動。我知道對新手而言，讓錢閒著是件極其難受的事，但你必須學習忍耐。就算你看到很吸引人的臨界入場點，也不要輕易行動。大環境不適合的時候，你的勝算便降低了。

第二，哪些類別的股票最具「牛勁」？如果兩檔股票的技術圖形相似，例如同時在充分的交易量之下進入爬坡階段，其中一檔股票屬「牛勁」很足的類別，另一支屬「牛勁」不足的類別，你會發現屬「牛勁」足類別的股票很容易就升了一〇〇%，而「牛勁」不足類別的股票要很辛苦地才能爬升二〇%。

第三，當你判定股票大市屬於「牛市」，選好「牛勁」最足的類別之後，餘下的工作就是在「牛勁」最足的股類中選擇一、兩支「龍頭」股。這些龍頭股可以是該類別的「龍頭老大」，例如香港銀行股中的滙豐銀行；也可以是有特別產品或專利的「特別小弟」。

如果你做到以上三個步驟，就會發現你的資金在勝算最大的時刻投到了勝算最高的股票之中。這時又出現另一個問題，讀者會問：第一、第二點都很容易明白，也容易判斷，但第三點如何判斷？在「牛勁」最足的類別股中，如何找出最具有潛力的股票？

圖4-8、4-9分別代表兩檔股票的走勢圖，這兩檔股票都屬於「牛勁足」的類別股，現在讓你選，你會選哪支股票？

假設阻力線的價格一樣是二十元，很多人靠直覺會選圖4-9，因為它從高價跌下來，是

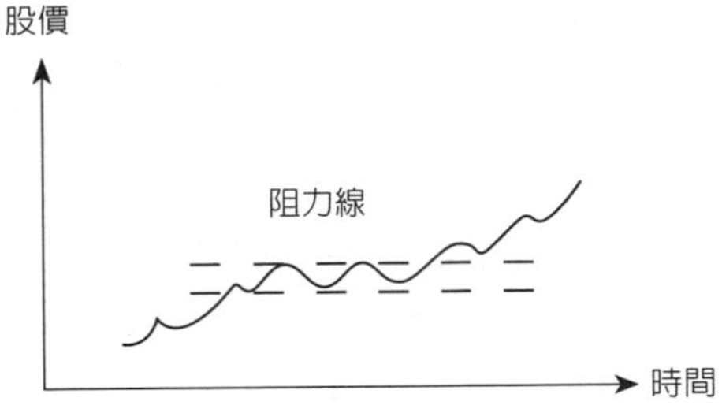

圖 4-8

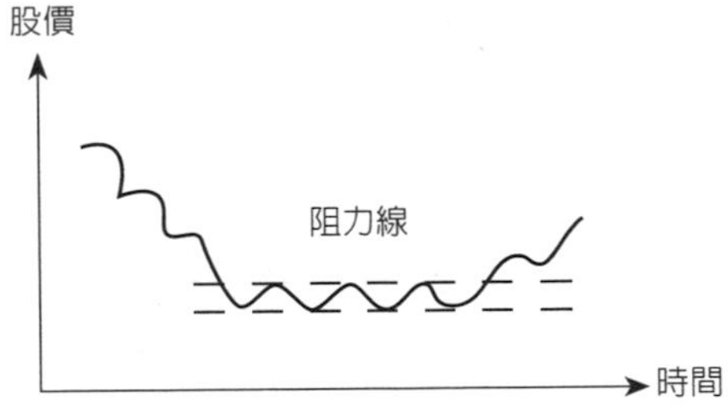

圖 4-9

「便宜貨」。答案是：錯了，你應該選擇圖4-8的股票。為什麼呢？

先看圖4-9，很多原先在二十元的阻力線之上入市的投資人已被套牢很久，他們終於等到了不虧或稍賺解套的機會，你認為他們現在會怎麼做？他們會趕快跑，讓噩夢快快結束。一般人就是這麼想的，也是這麼做的。再看圖4-8，每位在阻力線之下入市的投資人都已有了利潤，他們不存在套牢的問題。你會發現圖4-8股票上升的阻力比圖4-9要來得小。

再看下面兩個圖。圖4-10在突破阻力線之前的蓄勁期是三個月，圖4-11是半年，你會買圖4-10或圖4-11之中的哪一個？答案如果是圖4-11，你就選對了。被套牢是極其不愉快的經歷，晚上睡覺時想到這檔股票都睡不好！很多人撐不住，乾脆就認賠殺出算了。蓄勁期愈久，那些被套牢還未認賠殺出的投資人就愈少，它上升時的阻力也就愈小。

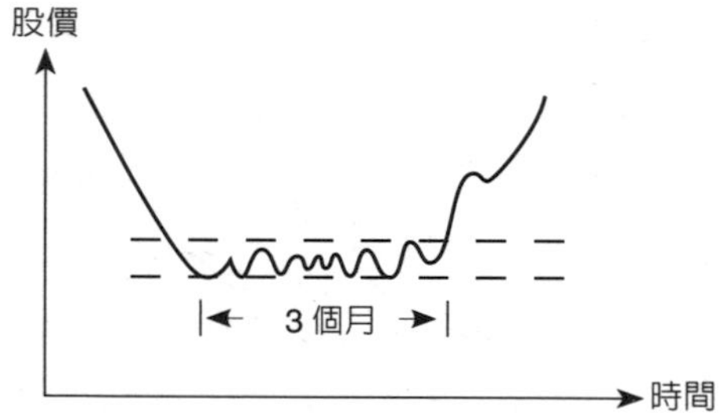

圖4-10

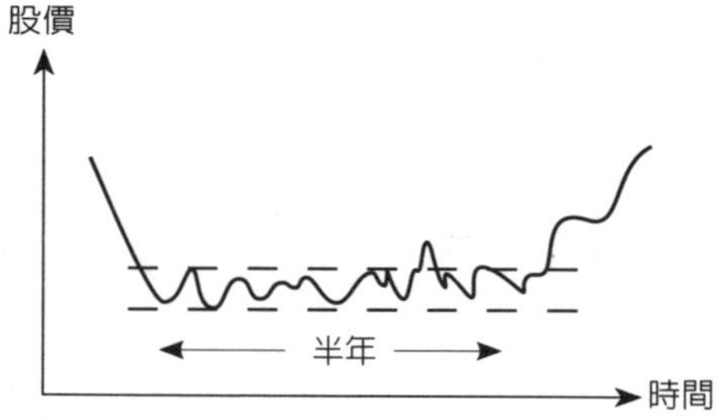

圖4-11

形成自己的風格模式

股票買賣是藝術，不是科學，它沒有固定的模式。我希望讀者讀到這裡時，已經能感覺到股價變化過程中投資大眾心理波動的脈絡，能夠明白大眾為什麼買股票、為什麼賣股票、心理過程如何變化、你又如何從這個過程中受益。股票價格的短期波動很多是大戶操縱的結果，但大戶不能說想升就讓股票升，他們還是要用「買股票」的方式讓股票升漲，這個尾巴無法掩住。

找個清靜的地方，細細思考一下臨界點是怎樣形成的。如果你無法找到支撐它的心理脈絡，這個臨界點常常靠不住。走進書店，翻開任何一本「股市必勝」、「炒股祕笈」之類的書，你會看到數不清的「高招」。你曾按照這些高招炒過股嗎？結果如何？如果炒股居然簡單到「二十天平均線穿越五十天平均線是買入好點」的話，哪裡還有人起早摸黑去上班？

尋找臨界點的過程就是學習炒股的過程。只要用心，就會不斷發現適合自己的個性及風險承受力的臨界點。

用你自己發現的臨界點，按照訂好的規則買進賣出，訓練自己的耐性，留意市場提供的危險信號，你就走上了學股的正確道路。你很快就會發現，用這樣的方式炒股票，便會擁有極大的自我滿足感，其利潤也較其他方法所得更令你感到喜悅。因為你不僅賺了錢，也知道了為什麼能賺到錢，你將有信心按照同樣的方法再次賺到錢。

最後，談點我個人的經驗。股票和人一樣，有其特別的個性，有些保守、遲緩，有些急躁、不安分。對某些股票來說，我能很容易揣摩出其個性，推斷出其運動軌跡。而有些則和我無緣，其運動模式我如何都猜不透。對這些無緣的股票，每次碰到我都被燙傷。如同交朋友一樣，有些人第一次見面就感覺相見恨晚、無話不談，有些人則話不投機半句多。

我採用的具體做法是，如果我被某檔股票燙了三次，就盡量不再去碰它，把注意力放在比較適合的股票上。

第二節

何時賣股票？

何時賣股票的考慮可以分成以下兩部分：

一、剛進股時如何選擇停損點？

二、有利潤後如何選擇合適的賣點獲利？

就第一部分而言，第四章第一節「何時買股票？」已有論述，這裡主要談第二部分。

選擇賣點

各位讀者應該記住自己在做生意，如同做服裝生意一樣，一有合理的利潤就賣出。有些投資專家買股票準備永遠持有，這並沒有錯，運氣好的話，三十年可以翻二十倍。但這期間會有很多起伏，有時候股票會有五〇％的跌幅，這對炒股維生的炒手而言實在難以承受。而且你還要有選長期股的眼光和資訊，對一般人而言，要獲得精確的資訊並不是件容易的事，況且，如果股票五年都不動，你要靠什麼生活？

上述的投資專家通常靠管理公共資金維生，每月有薪水可拿。對一般的炒手而言，持股的時間通常是從幾個星期至幾個月不等。這個時間沒有硬性規定，只要股票的運動正常，你就不應該賣出。一旦有了一定的炒股經驗後就會明白，很少有股票會在「最小阻力線」上運行一年以上。一個大走勢在頭和尾都是很難抓到的，炒手們應學習如何抓中間的一截，能抓到波幅七〇％就算是很好的成績了。

這樣做能預防股票常有二〇至四〇％的回檔，可能為你的整體投資帶來大幅震盪。

讓我提醒投資人，不要試圖尋找股票的最高點，你永遠不知道股票會升多高。就我個人的體會，決定「何時賣股票？」比決定「何時買股票？」更困難，虧的時候你希望打平，賺的時候想賺更多，內心不斷掙扎。對剛學炒股的新手來說，常有「不賺不賣」的心態，這是極其要不得的，帶有這樣的心態，失敗的命運差不多就注定了。這就是為何我在前面「何時買股票？」一節中特別強調：選買點的最重要點就是選擇停損點。

要決定何時賣股票，最簡單的方法就是問自己：我願意此時買進這檔股票嗎？如果答案是否定的，就可以考慮賣掉這檔股票。在實際操作中，問題其實沒那麼簡單，因為無論進場或出場都有代價，你不應該忽略手續費這筆開銷，頻繁進出場的結果，就是把利潤都捐獻給政府和證券商了。

和買股票一樣，賣股票的點也是「臨界點」。**如果能夠做到僅在臨界買點入場、臨界賣點出場，入場時牢記停損並注意分攤風險，成功機率就可以提到最高，你也能真正成為炒股專家。**

技術要領

讓我們複習一下技術分析基礎知識中的幾個賣出臨界點。

從下列三個圖中，你可以感覺這些賣點是投資大眾對股價重新評估的點。圖4-12、圖4-13已在第二章第一節「技術分析的基礎知識」中詳細解釋。圖4-14的特點是股價穿過平均線；我曾提到平均線是股價走勢的標誌，一旦股價穿過平均線，你有理由提問：這個走勢會繼續嗎？是不是結束的時候了呢？

這些賣點都不是死的，隨著經驗的增加，你或許會把圖4-12的賣點改成圖4-15。你把賣點

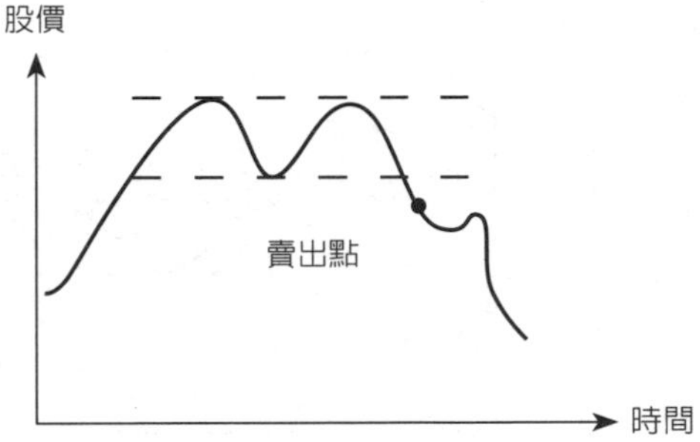

圖 4-12

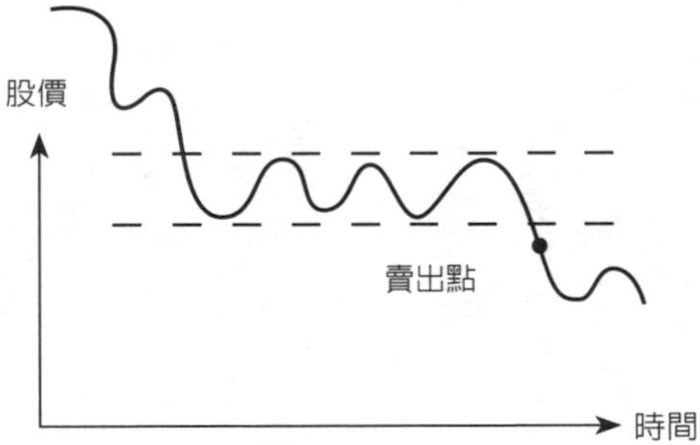

圖 4-13

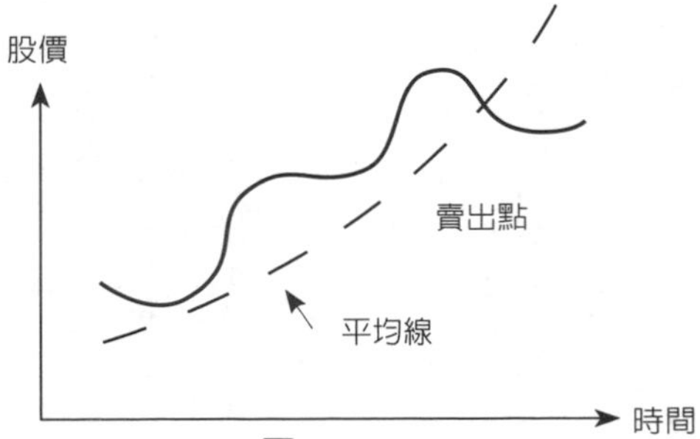

圖 4-14

移到第二個波峰附近，如果股價再次穿越阻力線，你就再買入。圖4-12和圖4-15的優劣一目了然。這樣你的資金總是在盈利機會最大的時候留在場內。

我希望股友們明白，本書講究的是思考方式。臨界賣出點並非只有這幾個，你要在實踐中自己去尋找臨界賣出點。如同在第四章第一節「何時買股票？」中所言，尋找臨界點的過程是學習炒股的過程。這裡講的幾個典型臨界點，都可以在實際操作中修正、改動，你要自己用心去體會。中心點就是只有在盈利機會大過虧損機會時才讓資金留在場內。

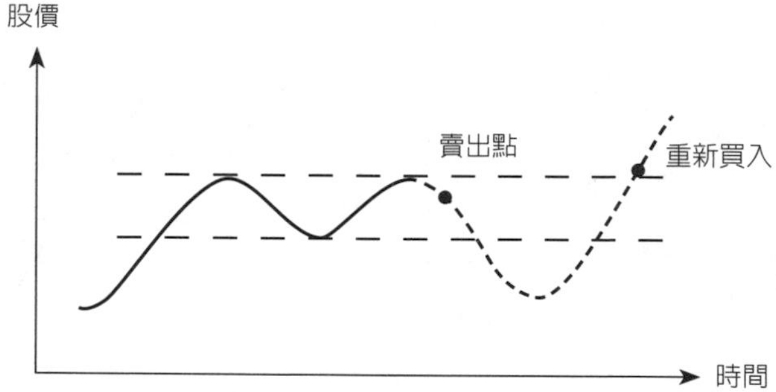

圖 4-15

以下讓我小結一下何時及如何賣股票：

一、注意危險訊號

隨著經驗的增加，你會慢慢產生「這是該賣的時候」的感覺。不要忽略這樣的直覺，這是經驗。要獲得這樣的經驗，你已付出很多學費。相信自己。

二、保本第一

任何情況下，股價超出你的入貨點，你應該考慮在你的進價之上定個停損點。賺錢的先決條件便是不虧錢。十元進的股票升到十二元，應把賣點定在十元之上，例如十一元。

三、虧小錢

把停損點定在一〇％或更小，在任何情況下都不要超出二〇％。只要條件允許，愈小愈好！條件允許可以這樣理解：五元股票的一〇％只有〇．五元，五十元股票的一〇%有五元。對五元的股票，你可以給〇．七五元的浮動空間，把停損點定在四．二五元。對五十元的股票，你可以給三元的空間，把停損點定在四十七元。我自己喜歡把停損點定在入市當天的最低點。例如我今天以十．七五元買進股票，今天的最高價是十一元，最低價是十元，我便以十元作為停損點。以我的經驗來說，如果我的入場點選得正確，股票開始上升，它不應該跌回我當天入場的最低點。

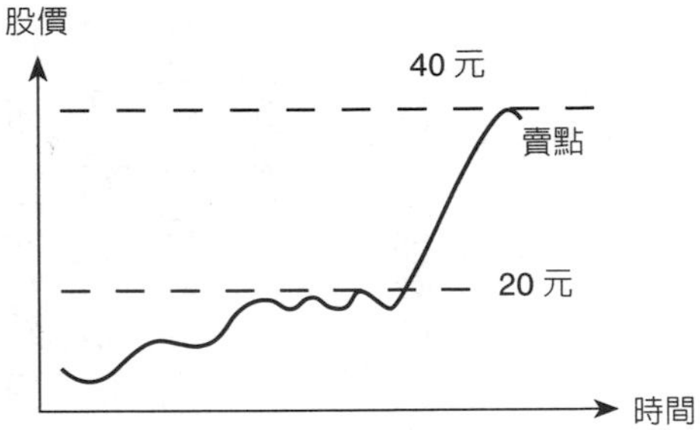

圖 4-16

四、遇有暴利，拿了再說

在股市投資，你有時會碰到圖4-16的情況。股價在兩星期內從二十元升到四十元。在這樣的情況下，第一天轉頭（表示收盤低於開盤）就可以把股票賣掉。但別期待好事情會持續長久。這樣的暴升常是股價短期到頂的訊號，特別是最後兩天，交易量猛增，公司並沒有特別的好消息。

這是危險信號，它在說：我在吸引最後的傻瓜入場，當最後的傻瓜上鉤之後，我就要回頭了。這種短期狂升但沒有驚人好消息的股票跌起來一樣快。這是大戶吸引傻瓜的常用手法。

五、小心交易量猛增，股價卻不升

請參圖4-17，股價升了一段時間之後，如果你忽然發現股票的交易量很大，股價卻沒有升高，這也是危險訊號，它告訴你有人趁這個機會出貨。這通常是股票到頂的訊號，起碼短期內是如此。

六、用移動停損點賣股票

請參圖4-18，買入後，如果股票開始正常升勢，它應有一浪高過一浪的特點。你可以將

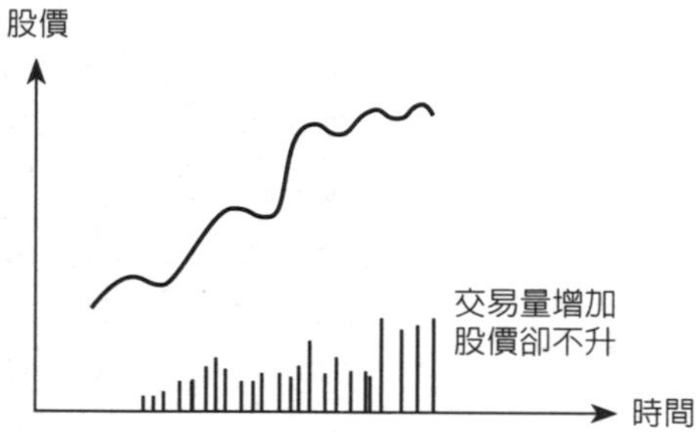

圖 4-17

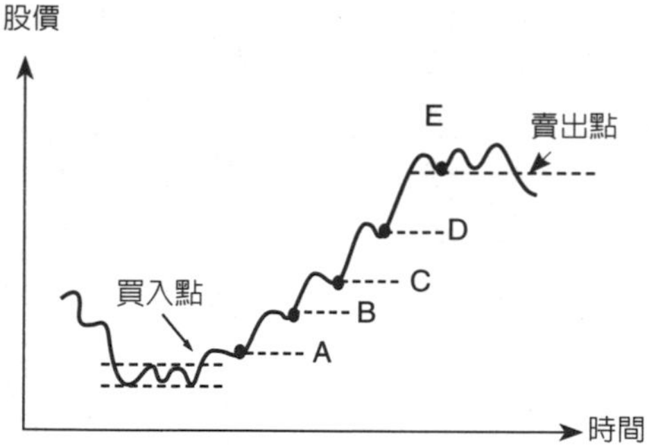

圖 4-18

停損點放在每個波浪的浪底，隨著波浪往上翻，你將賣點由A↓B↓C↓D↓E往上移，這樣就能保證你不會在升勢時過早離場。同時這樣做很簡單，情緒上的波動很小。你抓不到這個升勢的頭尾，但你能抓住中間的大部分。

用移動停損來賣股票是很有效的方法。這是一般非專職炒股人最常用的方法。在實際股票運動中，波浪不會如圖這麼規則，但原理就是這樣。它提供了一個原則，遵照這一原則，你不會情緒化地過早離場，導致一個一萬元的賺錢機會只賺到二千元。

華爾街將炒股的訣竅歸納成一句話：「截短虧損，讓利潤奔跑！」英文叫做：「Cut loss short, let profit run!」意思是：一見股票情況不對，即刻停損，把它縮得愈短愈好。一旦有了利潤，就必須讓利潤奔跑，從小利潤跑成大利潤。

請再讀一遍「何時買股票？」、「何時賣股票？」這兩節，再體會一下「截短虧損，讓利潤奔跑！」這句話，炒股的訣竅盡在其中。

還必須強調一點：股票買賣的思維方式不是機械式的！這是資本市場的博弈，資本市場的博弈是心的博弈。

上面講的一些機械規矩只能用來參考，就像武術的招式是學武的入門，招式之後是練心，最終目的才是成為無招的高手。同樣地，資本市場的博弈首先需要用心來感應一個投資是否符合大眾心理，接著投入資本驗證自己的想法。一旦市場證明自己是錯的就要認錯出局，對了的話則可以增加下注。透過不斷的修正增減，最後得到一個總體的正數。上面的規矩僅僅是給新手指引一個入門的方向。

請大家謹記，博弈的遊戲沒有死板板的對錯之分，只有在不斷的試錯過程中努力爭取得多失少，最後才能成為勝者。

第三節
定位好方法，持之以恆

以上介紹了何時買賣股票的技巧及其思考的方式，總結來說，可以順勢交易，可以回檔搶反彈，可以炒高低，也可以跌勢抄底。方法沒有對錯，能夠賺錢的方法就是好方法。但是在實際操作中，你無法讓所有方法同時運用，只能選擇一到兩種適合自己的方法。因為每一種方法只能運用在特定市場，例如升勢只好用買入順勢的方法操作，你選擇抄底買低的方法在升勢情況是賺不到錢的，但是又不知道下一波的市場運動屬於什麼類型的市場，並沒有一招打遍天下無敵手的方法。

股市曾經流行這樣的說法：「做趨勢的人多數死在震盪裡，做盤整的人多數死在趨勢裡，做短線的人多數死在暴拉❸裡，有方法的人多數死在執行裡，靠主觀的人多數死在感覺裡，沒方法的人多數死在亂做裡。」

這些說法不嚴謹，但具體地描繪了股市新手在學股過程中碰到的困難。股市走向通常可以大分為升勢、跌勢和震盪市，它們常常交叉進行。新手可能在升勢的時候學習了一套方法，一實施就虧錢，因為股市變跌勢了！於是他開始修改方法，再實施，又虧錢，因為這時候是震盪市，再修改，實施時發現適合震盪市的方法還不賺錢，因為市場又變成升勢了。幾個循環下來，一位學股人就被淘汰掉了。

股價雖然只有升跌兩條路，但有可能走出不同的大小波浪，也有可能橫盤上很長時間不動。這給股票炒手提出了一個很嚴肅的課題：我應該在什麼時候用什麼方法操作？

因為「什麼時候」充滿變數，所以「什麼方法」從理論上也同樣充滿變數，這也就是為什麼炒股賺錢難的原因。很多新手一入場買股就賺了幾個錢，那是因為正好碰到升勢；市場一轉成跌勢，這些賺的錢通常是留不住的！只有具備足夠的知識和經驗，才能知道如何應付，才可能將賺的錢留下來。

那麼應付的方法是什麼呢？答案就是這節的標題：「定位好方法，持之以恆！」

適合自己的炒股方法

人本身是千差萬別的，有些急急躁躁，有些悠悠哉哉。沒有好壞，只有個性不同。

---

❸暴拉可以指的是「拉高」和「拉低」，所以買空和賣空都有可能踩到地雷。

在股市，讓急急躁躁的人做長線很難，實在等不了；讓悠悠哉哉的人炒短線也做不了，對他們而言太過緊張了！

自己屬於什麼種類自己最清楚，因此選擇方法的時候就有了依據。個性急就不要選做長線，可以做短炒；個性悠哉就別專注短炒，想想如何長線操作。這章節買賣股票操作示意圖沒有標註時間，若用分鐘為一格就是短炒，用小時為一格就變成中短炒，用每日為一格算中長炒，用每週為一格就是長炒了。圖還是這些，標註不同的時間段可以滿足不同的操作風格。如果你認為做長線升勢是適合自己的方法，那就要持之以恆。你心中明白，這種方法在跌勢和震盪市是賺不到錢的，在出現跌勢和震盪市時就應該減少入市深度或離市，不用試圖猜測下一個走勢是什麼。股市總是循環反覆的，長線升勢又出現的時候將全力入市。

很多人試圖預測下一個走勢是什麼，這種嘗試基本上徒勞無功，因為沒有人知道下一個走勢會如何！

或許你很有經驗，預測的正確率可能會提升一些，但長期都維持一〇〇%不太可能。走勢通常只有在走出來後才知道過去的是什麼勢，你應該用負面的眼光去看待那些聲稱有這個能力的人。

若你覺得自己擅長短炒賺差價，記得到獲利點就平倉，別有了點利潤就「讓利潤奔跑」這句話影響你的操作，該賣的時候別遲疑。

新投資人碰到的第一個難題就是：到底哪種方法適合自己？不同方法的界定其實很模

糊。炒股是藝術，藝術本身就很難用語言明確定義。炒股就是這樣！

有個說法叫「一萬小時法則」，那就是如果你在某個行業花了一萬個小時，你將成為專家。若你在股市實實在在地花上一萬個小時，那麼哪一種方法對你而言應該不再是問題。尚未達到這個境界之前，只好慢慢熬。

還有個非常重要的思考方式需要再解釋，第二章提到了炒股應該「順勢而行」而非「測勢而行」。會買股票就是分析預測股價未來會升才有的動作，賣股票也是分析之後認為股價未來會跌才會賣股，這難道不是「測勢而行」？

在具體實施時，當然會在預測後才入股，但如果在未預測股價升時就買股，那就是頭殼壞了！那麼為何「停損」呢？因為實際情況和預測不符。所以在實際操作時便是「測勢」入市，這個預測本身就應該已經順勢了，否則你不該得到入市的訊號，所以這兩種說法其實沒什麼實質差異。一旦手中持有股票，原先的預測就應該有個應對計畫，情況變化時如何加碼？加多少碼？情況不對時如何減磅？全出局還是局部減磅？

坦白說，炒股並不是簡單地升了就買、跌了就賣，炒股是個系統工程。

經驗法則

以上介紹了何時買股票、何時賣股票，也介紹了如何定位好合適自己的方法並持之以恆。這個學習的過程很漫長，可能一個經濟週期都不夠用，還需要第二次反覆驗證才能夠真正明白。

何時買賣股票其實只是炒股的一部分，承擔多少風險、如何配置資產等都是炒股需要考慮到的議題。以工程建設為例，修築鐵路並非僅是簡單地知道如何將鐵軌鋪上枕木就可行了，可能需要修橋過河，還要挖洞穿山。修橋會碰到修橋的問題，穿山有穿山的難處，這些都是修鐵路的系統工程的一部分。

股票的系統工程包括股票碰上大跌時如何處理？遇上長期的窄幅震盪時如何處理？大市長期低迷如何處理？如何分散風險？如何配置資產？這一切都需要知識和經驗處理，需要長時間實踐才能得心應手地應付。

想從股市不斷地賺到錢並留下來，必須讓自己在各方面都成為有經驗的行家，這個系統工程還包括如何升級自己。一開始當然先學習，一旦超出自己為自己管錢的層次，就必須考慮大眾理財的各個層面；自己為自己理財可以當做風險，但是為大眾理財，則必須盡可能低風險操作。

前面強調「敗而不倒」，這是做生意的最高原則，也是炒股的最高原則。所以操作炒股需要為自己設定底線，那就是不要隨便讓自己被剃光頭。任何時候，輸光了就結束了……

第四節

人爲操縱的賭局，掌握對方心理

股市是個博弈的場所，大家各盡所能，希望成為這個博弈遊戲的贏家。有贏家就一定有輸家，那麼了解一下有能力在一定程度操縱股市者的思維，將有助於自己也成為贏家。

操縱這個話題其實很複雜，如果你的資金很多，你的買賣自然會影響股價。或許你根本沒有想過要操縱股價，只是想買賣股票而已，但結果同樣是股價隨著你的買賣而變動。由於機構交易占股市交易的大部分，你的交易對象很可能就是他們，因此了解這些大戶的心理相當必要。

操縱手段

現在想像你自己是手握鉅資的資金管理人，你想買股或賣股，自然希望買的價錢愈低愈好，賣的價錢則愈高愈好。從前文中，你知道讓投資人買股的主要原因是因為股價在升，讓投資人賣股的主要原因是股價在跌，你會怎麼做呢？以下這些想法與做法是基本人性。

一、如果股市大戶想買股，他會將股價的K線圖搞成向下跌到很難看。

這很明顯，當你想要買股，如何才能讓人便宜地將股票賣給你？讀到這裡，這些手段都是小兒科。當然，伴隨著的還有媒體的壞消息。好玩的是，這些小兒科手段一直有效。

二、股票在高位時以很高的交易量繼續爬高，表示有人想出貨了。

小心了，相當多的情況都表示可能有人想出貨了！通常，報紙和網路還會流傳和該公司有關的好消息，看看好消息加上好走勢，還有巴菲特的徒弟告訴你好公司股票買了不賣坐等，都是股市賺錢的不二法門，你自己看著辦！當然，還有股市名嘴在邊上鼓動：買進、快買進！所有的外界資訊都鼓勵你快點入市，別失去發財機會了。

三、股票跌到你不停損就睡不著以及股票升到你不買幾股就坐不住的時候，通常是股價的最低點和最高點。

別小看大戶，大戶不僅有錢，他還有人，這些大戶可能養了一排的心理博士和電腦博士。養這些人並不便宜，不要低估這批人的能量，他們對於你在股票升跌時的心理過程知道得一清二楚，升的時候你貪，跌的時候你怕，他們會照著玩，玩到你不停損睡不著或不買入不舒服。

四、如果消息是真的，你通常是最後一位知道。

讓我們面對現實，你真以為有人想盡辦法把錢塞進你的口袋？如果確實，你大概也不需要讀這本書了。所以，對任何消息都多點心思吧。

五、股市傻瓜生生不息。

大家都知道什麼是「龐氏騙局」，一百多年來，同樣的一招抓了多少個傻瓜？別認為股市的操縱者有什麼了不起的手段，用不上的！在股市只要這幾招就夠了，不斷地會有新的投資人前仆後繼。弄清楚這點，你可以對自己多點信心，會重複的東西是可以學習的。

有讀者或許會問，是否每次股票大跌或大升都是被操縱的結果？當然不是。有時大跌真是董事長身體不好！所以，培養自己獨立的判斷能力是必要的。

買賣思維

以上我們針對操縱概念做了簡單介紹，這樣你在具體操作時就會從不同的角度思考。這種思考會將你從科學的思維解放出來，進入對股市理解的更高層次。炒股這種博弈類活動沒有知己知彼，就會處在劣勢。

必須再次強調，股票運動的最大原動力來自基本面的推動；股市的操縱只能是短期的、小範圍的，它影響不了股價的長遠走勢。但如果你想買股，同樣的股票從每股五元買進和每股十元買進都有相當大的區別，因此了解股市操縱的一些思路，就能給你更高的勝算。

投資人有時會問：「有什麼好股票？介紹一下。」我們現在知道這個問法不對，這個世界並沒有「好股票」這個東西，如果說「好公司」還是有的，「好股票」這玩意就不存在。對一般投資人來說，在升的股票就是好股票，在跌的股票就是壞股票。

有了以上的心理脈絡作為基礎，我們在買賣股票時就可以更完整地思考：

一、買股時會按走勢思考。思考可以是大趨勢，比如投資網路公司或投資太陽能這樣的大趨勢思考；思考大趨勢當然不看股價圖。也可以看小走勢定策略，比如按照股票K線圖畫個均線，看看是否向上？我們不再為股價變動的一些小動作有情緒，甚至會試圖利用這些小動作。

二、公司要有個「希望」。請給個股票會升的理由吧！有沒有根治癌症的專利？股票升要有人追買，倘若自己都找不到買的理由，又為什麼期待別人掏錢呢？只看圖常常不夠，圖有時會被人造假。

三、別把他人當傻瓜。巴菲特有句名言：「不想擁有一支股票十年，就不要想擁有這支股票十分鐘。」打算擁有股票十分鐘的人，通常都希望有個傻瓜會在十分鐘內用更高的價錢從你手上接手股票，這種做法有時很有效，但作為一個思路通常走不遠。商業交易永遠尊敬自己的對手。

我們現在開始多了一個心眼，股票跌的時候不再只是負面看待，而會觀察是否有人想要進股？或許是個機會也說不定？股價升到令人心動，我們開始心生懷疑，應該不是有個陷阱在等著人跳進去吧？將這些思考和書中其他的交易智慧結合，你對股市的理解就進入了新的高度。

第五章
華爾街的家訓

這幾百年來，
炒股這一行的前輩們用他們的經驗寫下一條條的家訓，
即想在這行生存和成功必須遵循的原則。
這些原則百年前適用，百年後也一樣適用，因爲人性不會改變。

炒股是老行業。華爾街一百年前流行的是火車股、鋼鐵股，接著流行收音機股、電視機股，今天流行的是電腦股、網路股。每種股票的興起都代表了新的行業和人類文明的進步。**在這千變萬化的股市歷史萬象中，唯一不變的是股票的運動規律**。和百年前甚至更早時期的前輩一樣，現代人有著同樣的貪婪、恐懼和希望，同樣在虧損時不肯認賠了結，同樣滿足於小利卻在股票的牛市中途退席；當年的股市充滿小道消息，今天的股市還是充滿小道消息；當年有公司做假帳，今天也有公司做假帳。

華爾街一代新人換舊人，每個人都希望他的存在可以為歷史留下一筆紀錄，各種各樣的格言警句如恆河沙粒出現。令我驚奇的是，近半個世紀華爾街已沒有出現新「家訓」。就算有人提出新規則，但在仔細閱讀後發現，也不過是用新文字重述老家訓而已，內容無非是換湯不換藥。

第一節

華爾街的投資智慧

要把所有的華爾街家訓寫出來，起碼需要兩百頁篇幅，而且其中大部分是「為賦新詞強說愁」。我將親身實踐後證明最重要的規矩整理出來，這些規矩已由我的實際操作證明值得遵循，而且行之有效，希望讀者能牢牢記住。

停損，停損，停損！

我不知道該如何強調「停損」這兩個字的重要，也不知道還能如何解釋，這是炒股這行最高的行為準則。你若覺得自己實在沒辦法以比進價更低的價錢賣出手中的股票，那就趕快退出這行吧，因為你沒有任何生存機會。最後認賠了結，痛一次，你還能剩幾塊錢替兒子買奶粉。

分散風險

做這行需要賭性，但不能做賭徒。如果你喜歡刺激，手手下大注，夢想快快發財，那麼遲早會翻船說再見，而且速度比你想像的快更多。就算有十次好運，但第十一次好運不見得還會落在你頭上。

記住，你只能承擔計算過的風險，不要把所有雞蛋放在同一個籃子裡。把手頭的資本分成五至十份，在你認為至少有一比三的風險報酬比例時將其中一份入市，並牢記停損的最高生存原則，如此長期下來，想要不賺錢都難。新手的錯誤就是太急著賺錢，手手都要豪賭，恨不得明天就成為億萬富翁。中國「財不入急門」的古訓，在炒股這行可說是字字珠璣。

避免買太多種股票

你最多能記住幾組電話號碼？普通人是十組電話號碼，你呢？手頭股票太多時，結果就是注意力分散，失去對單獨股票的感覺。我一直強調，你必須隨時具備股票運動是否正常的感覺，在這個基礎上才有可能有效控制進出場的時機。買一大堆類別不同的股票，恨不得每支掛牌的股票都買一些，這是新手的典型錯誤，因為注意力將因此分散。

將注意力集中在三至五檔最有潛力的股票，隨著經驗增加，逐漸將留意的股票增加到十至十五檔。

我自己的極限是二十檔股票。你可以試試自己的極限，但無論如何，在任何情況下，都不要超出自己的極限。

有疑問的時候就離場

這是條容易明白但不容易執行的規則。很多時候，你根本就對股票的走勢失去感覺，不知道它接下來要往上爬還是向下跌，也搞不清楚究竟處在升勢還是跌勢。此時，你的最佳選擇就是離場！

離場不是說不炒股了，而是別碰這檔股票。如果手頭有這檔股票，賣掉！手頭沒有，別買！我們已經明白了久賭能贏的技巧在於每次下注的獲勝機率必須超過五〇％，只要你手頭還擁有沒感覺的股票，表示你還未將賭注從賭桌上撤回來。當你不知這檔股票走勢的時候，你的贏面只剩下五〇％。專業賭徒絕對不會在這時把賭注留在檯面上。

別讓「專業賭徒」四個字嚇壞你，每個生意人其實都是專業賭徒。你在學習成為炒股專家，對自己的要求必須高一些。通常這時會出現另一個問題，幾乎炒過股的朋友都會有這樣的感覺：「當我擁有某檔股票時，我對它的感覺特別敏銳，而且每天算帳，它讓我打起十二分的精神；但如果手中沒有這檔股票，我對它的注意力就不集中了。」我自己也有同樣的問題，我的處理方式就是只留下一點股票，例如一百股。如果虧了，我就將它當成買藥的錢，就當做我買了一帖讓注意力集中的藥。

忘掉你的入場價

坦白講，沒有三、五年的功力，繳過厚厚的一大疊學費，要你忘掉入場價是做不到的，但你必須明白這麼做的原因。按你的經驗，今天手中擁有的股票明天應該都會升。如果經驗告訴你這檔股票的運動不對了，明天可能會跌，那你還留在手中做什麼？這和你在什麼價位買進有什麼關係？我們之所以難以忘記進價，這和人性中喜賺小便宜、絕不願吃小虧的天性有關。如果這檔股票的價位已經比你的進價更高，你會很容易脫手，因為已賺了便宜。若是更低的話，你必須面對「吃虧」的選擇！

普通人會找一百個「理由」再賴一會兒。我的朋友，「再賴一會兒」的代價很高。人很難改變自己的人性，那就試著忘掉進價吧，這樣就能專注於正確的時間做正確的事了。

別頻繁交易

我開始專職炒股的時候，每天不買或賣上一次就會覺得沒完成工作。我那時候的想法是這樣的：我以炒股維生，不炒不就沒事可做？這可是我的工作啊！結果，我為此付出了鉅額學費。

當經驗累積到一定地步，你就會明白股市不是每天都有盈利機會。你覺得不買、不賣就沒事可做，缺少刺激，那麼你的代價就是每次出入場的手續費。

除了手續費之外，每天買賣都帶來情緒波動，沖散了冷靜觀察股市的注意力。可以這麼說，在你留意追蹤的股票中，說每天都有七〇或八〇％勝算的交易機會是騙人的，好的操作機會不會天天都有。投資人之所以頻繁交易是因枯燥無聊，頻繁交易不僅損失手續費，也降低交易品質。

不要向下攤平

犯了錯，不是老老實實認錯、重新開始，而是抱著僥倖心理，向下攤平，降低平均進價，滿心希望股票小有反彈就能挽回損失，甚至賺錢。這是常人的想法和做法，在這行卻是破產捷徑，英國歷史最悠久的霸菱銀行（Barings Bank）就是這樣倒閉的。

上海石化在美國掛牌上市，一九九七年最高曾達到每股四十五美元。從四十五美元跌到三十五美元，很低了吧？你心裡想著是否應該再補上兩千股？若再跌到二十五美元，你打算怎麼辦？還會往下攤嗎？結果，上海石化一路跌到每股十美元。作為股票投資人，這樣的好戲只要上演一齣，你的財產就全部被套牢。等它升回到四十五美元嗎？或許有可能，但這是兩年後或二十年後才會發生的事，誰也說不準。如果股價永遠回不去呢？這樣被燙傷一次，你將不再有膽繼續炒股。假如幸運地市場給你一個解套機會，就會馬上套現把錢放在米缸裡，心中覺得還是天天摸到錢才會放心。

再見了，又一位繳了學費、畢不了業的學股人。

不要向下攤也可用另一種說法：**第一次入場後，紙面上沒有利潤不要加碼。紙面有利潤了，表示你第一次入場的判斷正確，就可以擴大戰果，適當加注，否則即刻停損離場，另尋機會**。請讀者靜下心來思考一下為什麼，道理其實很簡單。

也許有人不服氣，我已有十次向下攤平都攤對了，它的確是解套良方。我真要羨慕你，

你的運氣比我好多了。但你還未告訴我第十一次、第十五次的結果，你敢保證它們不會是王安電腦嗎？❹

對炒股老手來講，可以有很多例外，其中之一就是股票在升勢時，任何點都是好的入場點，碰巧你一入場，股票開始正常下調，在下調結束回頭時，你可以考慮再進點股，就算進價比第一次低也沒關係。

這樣做並不是為了解套，而是你「知道」股票的升勢還在繼續。只有將炒股的武藝練到「無招」地步的炒手才可以考慮這麼做，沒有三、五年的經驗就莫談。新手們請記住：不要向下攤平！

別讓利潤變成虧損

這條規矩是這樣的：你在十元一股時進了一千股，現在股票升到十二元了，你已有兩千元的利潤。這時要定好停損價，價格應在十元之上，例如十．五元或十一元，不要讓股票跌回九元才停損。

你若炒過股，就會明白當股票從十元升到十二元，卻讓它跌回九元，最後認賠了結停損，這種感覺多麼令人懊惱。你會覺得自己太愚蠢。無論何時，如果覺得自己很蠢，要想想你一定做錯了什麼！

把停損點定在十一元，賣掉時算算還賺到錢，這和在九元時不得不認賠了結的感覺肯定不一樣。這還牽涉到炒股的第一要務：保本！

在任何情況下，盡量保住你的本金。

有些讀者會問：股價是十二元，把停損點定在十一．九元，這樣不就能保證賺得更多、數錢時更開心嗎？

話是這樣說沒錯，但實際上可不能這麼做。股票波動一毛錢的時間有時無須花上兩分鐘，一旦出場，股票可能一路衝到十五元，你就失去賺大錢的機會了。把停損點定在十．五元或十一元，你可以給手上這支股票一〇%左右的喘息空間，因為一檔正常上升的股票不會輕易跌損一〇%。

跟著股市走，別跟朋友走！

這條規矩的簡單解釋就是：別跟著朋友買或賣，要按市場情況來買賣。我在交易大廳常常聽到：「你今天進了什麼股票？我想跟著你一起進。」

每次聽完我都覺得好笑，因為這總讓我想起三個盲人如何一起走路。

---

❹王安電腦曾是美國第二大電腦公司，已在一九九二年申請破產。

你們留意一下，三個盲人走路，通常是一人在前探路，隨後一列跟著兩個盲人。第一個盲人在前面走，後面跟的兩個盲人省點勁，第一個盲人選的路是否為最佳路線這就不管了，反正大家都看不見。而三位眼睛好的行人往往是排成一行走，你走你的，我走我的，還可以方便聊天，碰到石頭水溝時，大家各自知道如何避開。他們也有一列走的時候，那時他們走的路一定最順暢。

一個真正懂得炒股的人通常不願別人跟著買，因為你可以跟我買，但我要賣的時候你不知道，最終結果可能害了你。而且如果賣股票時還要記著通知你，心理負擔有多大？萬一虧錢的話怎麼辦？

朋友，下點工夫研究股票的運動規律，學著選擇買點和賣點。想跟著朋友買賣不要緊，掂掂他是什麼材料。喜歡你跟著他的人通常本身是盲人，盲人才喜歡帶路。

該賣股票時當機立斷，千萬別遲疑！

我在一九九四年十一月二日的炒股日記上有這樣一句話：「xirc ❺，股數兩千，進價十七．二五元，升到二十三．五元，未在二十一．五元賣出，今跌到十六．二五元，蠢啊蠢！痛啊痛！」

這是二十四年前的紀錄，我已記不清當時的具體情況。從這幾句話中，我知道自己曾將賣點定在二十一．五元，當股票從二十三．五元跌到二十一．五元時，不知什麼原因使我遲疑，沒有及時採取行動。十一月二日，股票跌到十六．二五元，我從原本八千美元的利潤，最後變成倒虧兩千美元，我痛呼蠢啊蠢！

股票波動向來花樣百出，它跌時總不時來個小反彈，給你一線希望，讓你覺得跌勢已開始轉頭。股票重新下跌，你原來的希望破滅，準備認賠放棄時，它又來個小反彈，重新把你拴住。一開始是小小的損失，但經過幾次來回，就成了大損失。這就是已學會「停損」的股友還會虧大錢的原因。

停損的概念不要只體現在你的本金上，也要包括利潤在內。十元買進一千股，花了一萬元的本，只要升到十五元，手頭上就有一萬五千元了。別把五千元僅當成紙面利潤，不信的話就把股票賣掉，存入銀行，看看多出的五千元是真錢還是假錢。定好了出場價，當股票跌到設定的出場價時，不要幻想，不要期待，不要講理由，立刻賣掉再說。

別將「股價很低了」當成買的理由，也別將「股價很高了」當成賣的理由！

我今天手裡還有檔股票，交易代號是ihni（現已被除名，不掛牌），是一家開養老院的

---

❺「xirc」是電腦設備製造商「捷訊公司」（Xircom）的縮寫，二〇〇一年由英特爾收購。

公司。當時它從十五美元跌到五美元，我覺得股價很低了，花了五千美元進了一千股。現在的牌價是〇．二五美元。我的五千美元只剩兩百五十美元。這檔股票我一直沒有停損，當年是「不肯」，今天我用它來提醒自己：「你永遠不知股票會跌到多低！」

因為人是很健忘的。

我發覺新手特別喜歡買低價股，來請教我某檔股票是否可買的朋友，他們選的股票大多數是低價股。這低價是指股票從高價跌下來，例如從四十美元跌到二十美元。這樣的想法或許是源自日常生活，衣服從四十美元降價到二十美元，那一定是便宜了。把這樣的習慣引伸到股票，自然而然會找「減價股票」來買。但不幸地，若是用選衣服的方法選股票，在炒股這行鐵定會失敗。

通常股價從四十美元跌到二十美元都有它的內在原因，你憑什麼斷定它不會繼續往下跌呢？英文有句話是這麼說的：「**別試著接住往下掉的刀子，它會把你的手砸得血淋淋！**」（Do not catch a falling knife.）所謂炒手，最重要的是跟勢，股價從四十美元跌到二十美元，明顯是跌勢，你不能逆勢而行。當然，要是股票從四十美元跌到十美元，現在又從十美元升到二十美元，那就是兩碼子事了。

一位新手在發現他買進的股票升了時會很興奮，但是也會惴惴不安，生怕市場把好不容易借出來的利潤又收回去。他成日腦海裡盤旋的就是：「股票是不是升到頂了？」「還是別貪了，快賣吧。」

這裡要提醒讀者的是：**別將「股價很高了」當成賣的理由，你永遠不知股票會升多高。只要股票的升勢正常，別離開這檔股票**。記住前面提過的華爾街格言：「截短虧損，讓利潤奔跑！」

訂好計畫，按著既定方針執行

進股時，先認清你的風險和報酬各是什麼。若市場未按你預定的軌道運行，你會如何應變？最好寫下應變策略。特別對新手而言，入市幾天後，自己都記不得入股時是怎麼想的。

如果你的停損是一〇％，十元進貨，升到十五元，停損點就定在十三．五元，沒有其他理由，股票跌到十三．五元就說再見。如果你原定十元入股、十五元賣出獲利，那麼股票升到十五元時就堅決賣出，不要猶豫。雖然我強調在這行最好不要預定獲利點，但如果你有這樣的計畫就照做。股票這行實際上沒什麼對錯，關鍵是要找到適合自己風險承受力的方法，而且堅決按照這個方法去做。隨著經驗增加，你會不斷改變自己的方法，就像螺旋一樣，轉了一圈似乎還在原位，但其實已經高了一層。方法可以修改，也必須隨著經驗的累積而修改，重要的是，任何時候都必須有個原則，並且依據這個原則來指導你的一切行動。

新手們最易犯的錯誤之一就是缺少計畫。他們可能覺得這檔股票已經跌到很低，或是某人說這檔股票好就買進，但買進之後如何追蹤就毫無頭緒。什麼情況停損？什麼情況獲利？

一問三不知。你若也是上述狀況所說的其中一員，勸你趕快學會訂定計畫。股票學校的學費是非常昂貴的。

別愛上任何股票

有人會愛上某檔股票，原因是對該股票做了很多研究。無論是什麼，一旦熟悉了，慢慢就會產生感情，沒辦法，這就是人性！但是在炒股這一行，愛上股票極其危險，因為它會斷送你的炒股生命。

印象最深刻的是我的第一輛車。

和大多數一九八〇年代初來美國的人一樣，我是空著手來的。在美國沒車不行，在餐館工作了一年，賺得的薪水交完學費後還剩下一點，於是我買了一輛舊車。

我的第一輛舊車是本田喜美，那是一輛車齡長達十年的老爺車，到我手上時已經累積了二十五萬公里的里程數。任何開過車的駕駛人都知道，十年車齡、十六萬英里車程的老爺車問題可多著呢！我是窮學生，修車的事當然只有自己動手。在往後的一年裡，我從煞車到化油器都試著自己換一遍，著實對這輛車下了工夫。甚至在開長途車程時，我還將修車工具和常用零件放在車上。

雖然這輛車後來因為實在跑不動，兩年後就宣告退休了。但這兩年下來，我愛上了這輛車，因為我對它實在太熟悉了，儘管事隔多年，一談到買車時仍不禁想起本田。由此可知，大車廠的入門車常虧本賣，就是因為他們希望能夠釣到初買車的消費者，希望消費者能一試成主顧，成為品牌的長期愛用者。

講回股票，你研究公司的產品，分析營收、固定資產、本益比；試用其產品，甚至研究總經理的八字命盤。一段時間下來，就如同我當年修舊車上了癮，腦袋裡總忘不了它。什麼炒股計畫、什麼停損，統統再見！股票升，應該的；股票跌，暫時的；反正我相信你的產品有前途，公司有未來，明天一定會更好！大家都記得網路股的泡沫，例子我就不舉了。**公司研究做多了，難免對這家公司產生感情，這是人性！但請明白這是人性的弱點：別昏了頭，忘了保本，忘了停損。**

請謹記：別愛上任何股票。

市場從來不會錯，但你的想法常是錯的

有多少次你拍著腦袋大叫：「見鬼了，無論從什麼角度分析，這檔股票都沒理由跌，它很快就會反彈。」我朋友來找我討論股票，他們都會一條條列出他們的分析，最後認定這檔股票升到頂了、那檔股票跌到底了。

我無法證明對錯，通常我只建議若想買就買吧，但若股票又跌了一〇％，即刻脫手。而

如果你想賣，那就賣吧，反正不賣你也睡不著。

華爾街很多著名專家在這一原則上都翻了跟頭。人一旦出了名，名聲就重於一切，他們認為股票要升，不升怎麼辦？最終結論當然是市場錯了，市場還未體驗到這檔股票的價值，專家們便一個個從寶座上跌下來。這樣的故事非常多，愈聰明的人就愈容易自以為是。他們在生活中的決定通常能做對決策，或是有些一開始不對勁，但最終證明他們是正確的。在炒股這一行，或許最終他們的確正確，但市場證明其正確之前，他們可能早已剃光頭回家了。

不要自以為是，不要有虛榮心，要按照市場給的資訊決定行動計畫，一有不對勁，即刻認錯，這才是股市的長存之道。

以下，讀者們可以欣賞一下世界著名炒股大師是如何討論炒股。

第二節

投資大師論炒股

華倫・巴菲特

關於巴菲特的自傳或是相關股票投資書籍，市面上已有很多了，我在這裡簡單介紹他的投資理念。巴菲特投資的時間累積程度很難模仿，但他的思考模式很有參考價值。想在投資領域中成功，他認為必須具備以下六項特質：

第一，你要有點貪念，但不能太多。太多的話，貪念就會控制你；但太少的話，你就會失去動力。你必須對投資過程充滿好奇心。

第二，你必須有耐心。你買了一家公司的股票，應該打算永遠擁有。你不應隨大流而動。如果對公司的判斷正確而且在適合的價位進場，最終你會看到股票的價值。

第三，你必須獨立思考。如果你自認不具備足夠的知識做判斷，最好不要做任何判斷。

第四，你必須有自信。而且你的自信必須來自知識和經驗，而非一時的頭腦發熱。

第五，不要不懂裝懂，要有自知之明。對自己不懂的東西，要承認自己不懂。

第六，有彈性。什麼東西都可以買，但不要付出超過其價值的價格。

巴菲特還列出以下幾點作為選擇公司的參考：

一、這家公司做什麼生意很容易理解。
二、經營這家公司不需要天才，平常人也能經營。
三、這家公司能提供可以預計的盈利。

四、經營者擁有公司的股份。

五、公司不應有太多存貨且貨如輪轉。

六、公司的固定資產報酬率高。

巴菲特每年給他的投資者年度報告都強調兩點：

一、我們的投資將基於股票的價值而不是股票是否熱門。

二、我們的管理將盡量使損失降至最低（有別於股價的短期波動）。

成功投資人的重要素質之一，便是在市場情況不允許時離開市場。

一九六九年，當巴菲特認為「便宜」股票很難找到時，他決定暫離市場。當時他是這樣向投資人解釋：「我對現今的情況感到失落……但有一點我很清楚，我只能以我熟悉的方式進行投資。這樣做或許會失去一些鉅額而且賺錢容易的盈利機會。但我不能進行我所不熟悉的投資方式，因為這可能導致鉅額損失。」

巴菲特以下的言論也很具有參考價值：

●你不需要知道非常先進的投資理念來尋求在股市的成功，不需要明白譬如市場有效理論、資產配置理論、期權定價理論等來進行成功投資，你需要知道的只有兩項：一、如何對生意估價；二、了解股價變化規律。

●作為投資人，你只需要在合理的價格購買股票，成為自己也知曉的生意小股東。當你確定這門生意在五或十年之後一定會有大成長，你需要重倉投資，因為這樣的機會並不是天天都有。

●你的投資理念應該是如果不想擁有某個股票十年，想都別想只擁有十分鐘。想清楚這些就別三心二意。更多的資訊不表示有更好的投資決定。你需要將自己的判斷從大眾思維中抽離出來。聰明不等同於理性，成功的投資人會將自己超脫於周圍大眾的恐懼和貪念，做出理性判斷。

優秀的投資人只有在獲勝機率很大的情況下，才會將資金投入股市。巴菲特便是其中的佼佼者。

喬治．索羅斯

索羅斯的投資哲學可以概括成以下兩點：

一、不要第一次就入市太深，從少量開始，如果進展順利，再加碼。炒手們必須從一開始就決定承擔多大風險，這是艱難的判斷，但不要一下子就擔上太大的風險。

二、市場是愚蠢的，你也用不著太聰明。你不需要什麼都懂，但必須在某一方面懂得比別人多。

喬治．索羅斯在歐洲推銷證券時，發現德國一些銀行手中持有其他公司股票的市值，居然超過銀行本身的股市總價。他推薦買這些德國銀行股票，因為這等於銀行付錢請你當這些公司的股東。

「只要知道這點，」索羅斯說，「就是買這些銀行股的充足理由。」索羅斯建議投資研究愈簡單愈好。他自己從不在經濟研究上花大量時間，也不讀華爾街證券行的研究報告，他的投資主意大都來自於閱讀報紙。他認為，技術圖表分析的理論基礎太薄弱，在實踐中不能帶來恆久的結果。基本分析的理論基礎比較強，但也有弱點，因為變動的股價同時改變基本面分析的結論。

華爾街有一個通行的理論是「充分市場理論」（efficient market theory），股票價格在特定時間充分反映股票價值，它包括公司的內部經營和外部大環境。索羅斯認為這項理論錯誤，因為若按此理論，任何人要獲得比大市更高的報酬率根本不可能。

索羅斯用自己的紀錄證明這項理論無效，他不斷地在市場獲得比大市還高的報酬。他提出了「回饋理論」（theory of reflexivity），簡單地說，就是想法改變了事件，事件的改變又反過來改變想法。例如投機者認為美元會升，於是入場買美元，結果使得美元利息降低，刺激了經濟，給大眾帶來美元應該升得更高的想法。用這個理論來解釋股市的走勢，大家看好某股票，捧出這檔股票的結果得使得股價升高，股價的升高又使得更多人追捧，這就是為何股票走勢一旦開始就不會馬上結束的原因。

索羅斯的思路極難模仿。他的自傳及炒股技術專著《金融煉金術》（*The Alchemy of Finance*）都有中文譯本。華爾街很多行家對這本書的評論是：「那是本好書，但我看不懂。」但他能成為大師，自有其過人之處。按照古人的話就是「高山仰止」。

需要指出的是，索羅斯將成功的祕訣歸於「驚人的耐心」。耐心地等待時機，耐心地等待外部環境的改變，完全反映在價格的變動之上。

伯納德．巴魯克

伯納德．巴魯克（Bernard Baruch）十九歲入行，二十六歲時「完成學股的初期教育」，三十五歲賺到第一個百萬美元。之後成為多位美國總統的財務顧問。在他的自傳《華爾街孤狼巴魯克》（*Baruch My Own Story*）中，他談到：

我對所有的炒股規則都抱持懷疑，所以很不願意多談。但就我的親身經歷，以下幾點或許能幫助你自律：

一、除非你能將炒股當成全職工作，否則別冒險。

二、對於任何給你「內幕消息」的人士，無論是理髮師、美容師或是餐館服務生，都要小心。

三、在你買股票之前，找出公司的所有資料，它的管理層、競爭者，以及它的盈利及增長的可能性。

四、別試著在最低點買股、最高點賣股，這是不可能的，除非你撒謊。

五、學習快速乾淨地停損。別希望自己每次都正確。如果犯了錯，愈快停損愈好。

六、別買太多股票，最好買幾檔股票，以保證你能夠仔細觀察它們。

七、定期有計畫地檢查你的投資，看看有什麼新發展可能改變你的想法。

八、研究稅務情況，在賣股時爭取最大的稅務效益。

九、永遠持有一部分現金，不要將錢全部投入股市。

十、不要嘗試成為萬事通，專心於你了解最多的行業。

傑西．李佛摩

如果要列出二十世紀最著名的兩位炒家，絕對是李佛摩和索羅斯。一位生活在二十世紀初，另一位生活在二十世紀末。李佛摩已過世半個多世紀，以他的生平寫的書《股票作手回憶錄》（*Reminiscences of a Stock Operator*）初版於一九二三年，這幾十年來再版無數次，直到今天仍是每位炒手必讀之書。以下讓我們欣賞一些李佛摩的炒股智慧：

- 我很早就發現華爾街沒有什麼新東西，也不可能有什麼新東西，因為股票投機歷史悠久，今天在股市發生的一切以前都發生過，也將在未來不斷地發生。我進場之前就知道我判斷正確時，我總是會賺到錢。使我犯錯的是我沒有足夠的毅力按照計畫執行，那就是我只在先滿足我設定的入場條件時才入場。對每天都要買賣股票的人來說，他不可能有足夠的理由和知識使他每天的買賣都是理性的。不顧市場情況，每天以感情衝動進進出出，是華爾街很多炒手虧錢的主要原因。他們試著像做其他工作一樣，每天都能拿一筆錢回家。世界上沒有比虧錢更好的老師了。當你學習如何做才不會虧錢時，你就開始學習如何賺錢了。
- 賭博和投機的區別在於：前者對市場的波動押注，後者等待市場不可避免的升和跌。在股市賭博是不會成功的。
- 大錢不存在於股票的日常小波動，大錢只存在於大勢之內。因此，你需要判定大勢的走向。

●在多年的華爾街經驗和幾百萬美元的學費之後，我要告訴你的是：我賺到大錢的訣竅不在於我如何思考，而在於我能安坐不動，坐著不動！明白嗎？在股票這行，能夠買對了且能安坐不動的人實在少之又少，我發現這是最難學的。忽略大勢、執著於股票的小波動是致命的，沒有人能夠抓到所有的小波動。這行的祕訣就在於牛市時，買進股票，安坐不動，直到你認為牛市接近結束時再脫手。

●我在這行學得很慢，因為我只能從錯誤中學，犯了錯，需要時間去明白犯了錯，需要更多的時間去明白為什麼會犯這個錯。

●我只在升勢的時候買股票，此時我才覺得舒服。我每多進一手，都一定比上一手的價格更高。

●記住，股票從來就沒有太高了不能買或太低了不能賣這回事，但進場後，如果第一手沒給你利潤，就別進第二手。

●一個大走勢的起點可能是大戶操縱和金融家玩遊戲，但大勢的持續必有其內在原因，這內在的力量是不可抗拒的，無論誰如何反對它，反映這內在力量的大走勢一定會從頭走到尾。

●從部分獲利中，我學到的不亞於失敗。學股初期，在牛市中，我總喜歡股票升到一定地步先獲利，等待股票向下回檔時再入場。但真正的牛市，回檔總也等不到。應該賺兩萬元的，我結果只賺到兩千元。華爾街有個說法：你只要獲利就不會變窮。這說法雖然不錯，但應該賺兩萬元的牛市你只獲利兩千元，你也不會變有錢。我現在明白到，就算是傻瓜也有分層次的。

●分析錯誤會比分析勝利更有幫助。但人們總是傾向忘記他們犯的錯誤，陶醉於勝利的喜悅。犯錯沒關係，重要的是同樣的錯誤不要犯兩次。

●市場走向和你的期待相反時，你希望每天都是最後一天，你的小虧最終成為大虧。市場走向和你的期待相同時，你恐懼市場明天會轉向，以致過早離場。希望使你多虧了錢，恐懼使你少賺了錢，然而希望和恐懼都是人的天性。一位成功的炒手必須時時和人類根深柢固的天性搏鬥。在充滿希望的時候，他必須恐懼；在恐懼的時候，他必須充滿希望。

●消化一個人的錯誤需要很多時間。人們說任何東西都有一體兩面，但股市只有一面，那就是正確的一面。所有的專業炒手都不在乎賺錢或虧錢，他們在乎在正確的時間做正確的事。因為他們知道利潤會隨之而來。

●一個人必須相信自己才能在這行生存。我從不接受別人的點子或內幕消息。我的經驗告訴我，沒有任何人的點子或內幕消息能比我自己的判斷創造更多利潤。

●我花了整整五年的時間才覺得自己能理智地玩炒股遊戲。

●這是艱難且需要恆心的行業。炒手們要嘛全心投入，要嘛很快地從這行消失。

傑克．施瓦格

傑克．施瓦格（Jack Schwager）是成功的作家。他炒過期貨，只是他的業績並不特別驚人。他以與華爾街成功炒家們的面談為基礎寫成的《金融怪傑》（*Market Wizards*），是一本關於炒股的暢銷書。

在《金融怪傑》一書中，施瓦格整合了數十位優秀炒家的訪談資料，最終總結出四十一條「市場智慧」。以下是我認為非常值得重視且沒有和本書重複的重點，標題後的解釋是我自己加註的，請讀過英文原版書的人諒解。

一、確定你對專業投資生涯感興趣：很多人嘴上說對投資股票感興趣，實際上卻不是那麼回事，他們往往一遇到困難就放棄。想在任何行業一夕致富是不現實的，除非你靠的是權力經商。

二、檢查你的買賣動機：你若只想找刺激，雲霄飛車可能更合適，也更便宜。

三、交易方式必須和個性相符合：有些人買了股票就永遠不想賣，有些人持有股票超過三天就手癢，你要了解自己的個性。如果交易方法和個性不符，你不可能長久執行。

四、你必須有「勝算」：如果你每次交易都沒有超出五〇%的獲勝機率，那麼無論你如何努力，勝利都可能是短期且不確定的。你可能嚴守自己的規則，也有很好的風險控制方法，但你還是會虧光所有本錢。試著坦率問問自己：「我真的有把握嗎？」如果不能確定，通常就表示你沒有把握，你的勝算不超過五〇%。

五、找一個方法：無論是短期交易還是長期持有，選擇買賣點都是有方法的。什麼方法不重要，重要的是有方法。這個方法必須適合你的個性，並且同時擁有勝算。你可以用技術分析，用基本分析，用道氏理論，隨便什麼都可以，但你一定要有方法。我必須特別提醒：找出這個方法是痛苦而漫長的，否則這個世界將會塞滿百萬富翁。

六、好的交易方法應該毫不費力：一個好的、適合你個性的交易方法應如行雲流水般毫不費力。時間到時就進，時間到時就出，一切清清楚楚。如果你對每個步驟都有懷疑，做起來就很勉強，那麼這個方法應該不太正確。

七、風險控制：施瓦格說，與他面談的所有優秀炒家都認為，「風險控制」遠比所有其他都更重要。因為沒有什麼方法是百分之百穩賺，你必須避免被一場災難淘汰。

八、自律：成功炒手最常提到的兩個字便是「自律」。「你可能聽到這兩個字超過一百萬次，但相信我，它極其重要。」可以從兩方面理解這個詞：第一，要維持有效的風險控制，你必須自律。第二，要實施你的交易方法，你必須自律。你如果有炒股經歷，就會明白要嚴守自己的規則是多麼困難。我常感嘆人為什麼容易頭腦發熱，這其中也包括我自己。

九、獨立思維和自信：就不多解釋這幾個字了，它們很重要。

十、虧損是遊戲的一部分：既然沒有什麼方法是百分之百，你必須在市場證明你錯誤時認錯。你必須明白，在炒股這行小虧損是不可避免的。

十一、耐心：耐心等待正確的出入場時機，買對了耐心坐等。記得傑西．李佛摩賺大錢的祕訣嗎？耐心是賺大錢的條件之一。「業餘炒手因為大虧損而破產，專業炒手因獲小利而破產。」請所有讀者記住這一華爾街名言。

十二、該出手時就出手：機會來了，不要遲疑，不要太小心謹慎。好機會不是常常有，不要猶豫不決，該出手時就出手。如果你覺得這句話聽到耳朵長繭了，那麼這句話的原文直譯是：「有時，行動比謹慎更重要。」

十三、發現壓力的根源，解除壓力：一旦你發覺自己感到有壓力，表示某一部分出了問題。就我自己的經驗，常常是因為被套牢了。這時明智的做法就是盡快解脫，直到晚上能睡安穩覺為止。

十四、尊重自己的直覺：直覺是長久實踐產生的專業感覺，不是瞎猜。好的會計師一看報表就能感覺到什麼地方可能有問題，這就是專業；炒股也一樣，一旦有了幾年的經驗，這些直覺通常很有價值，所以該出手時就出手。

十五、價格的變動不是隨機的，你能戰勝市場：金融「隨機漫步」理論上在學術成立，但在實踐中，優秀炒手們已經證明例外多得是。希望讀者明白，只要方法對，透過鍥而不捨，你終能成功。

最後，施瓦格強調，**你要為自己的結果負全部責任。也許你的損失是因為聽取了「專**

家」的建議，或是你自己的監控系統出了問題，但責任還是在你自己身上，因為「聽」或「做」的決定還是自己做的。我還未見過任何一位成功的炒家將自己的虧損歸咎於他人。

第三節

順勢而行

華爾街一直強調「順勢而行」，英文是 follow the trend，是炒股成功的關鍵之一。這個重要概念必須重複強調，因此這裡以完整的一節來說明以示重視。

大家在股市研究買賣點的技巧，分析各種各樣的指標，目的無非是希望獲得更高的勝算。但所有技巧中，華爾街最最強調的是「順勢而行」，而這需要的就是買對後安坐不動的耐心；請留意，先要買對，爾後再安坐不動。

百年前的炒家南森．羅斯柴爾德（Nathan Rothschild）在股市的賺錢祕訣是這樣的：「**股市賺錢很容易……如果你真希望知道我在股市賺錢的祕密，那就是我從不試圖抄底，也老是賣得太早。**」你若能讀懂羅斯柴爾德這句話的意思，表示你應該已有多年的股市實戰經驗。他在說順勢而行，只抓中間這一段；買點在「勢」建立之後，賣點是有了一定利潤就結帳。

位處底部時，走勢還沒確立，你永遠不知道股票會跌多低；真正的行家通常不在這個時候入場。獲利出手的時機比較容易決定，華爾街的建議是讓利潤奔跑，但什麼時候獲利則可按自己的計畫決斷。這一切都指向同一個思考方式，那就是買股和坐等時機選擇都在「勢」之上。

一九八〇年代末，我在紐約做房地產經紀人時，紐約獨棟平房價大約二十萬美元，買家、賣家爭來爭去無非是三到五千的差價。三十年後的今天，同樣的一棟房子多數超過一百萬美元，回頭看看這三到五千美元的差價實在微不足道。這三十年紐約的房價走升勢，在升勢時什麼點都是入市好點，只要做到順勢而行就一定賺錢。

這三十年在中國買房子的話就更不用多說，什麼時候都是好時候，只要買入就趁了勢。在同樣的時間段，如果你看到東京地產在一九八〇年代末熱鬧無比，跌了一點就趕緊撿便宜，那就悲劇了！這三十年來，東京地產平均跌幅超過七〇％，這三十年裡，無論你在東京買了什麼便宜貨，它都變得更便宜。這時候投資東京房地產是逆勢而行；逆勢而行是投資的大忌。

如果說房地產還有底價，房子總有使用的價值，除非出現天災，否則不會完全失去價值。然而，股票價格有可能變零。二〇一八年的今天，可能很多年輕的一代都沒聽說過「底片」，生產底片的柯達公司股票曾是道瓊三十股票的成分股，但今天柯達已成為歷史記憶。

講歷史比較容易，回頭看，什麼都清清楚楚。面對現實時，投資人最困難的是如何判斷股票的「勢」，像是茅台今天處於什麼勢？蘋果又是什麼勢？茅台或蘋果的股票今天買入後可以安坐不動嗎？我如果知道二十年後它們都會漲上十倍，當然可以買入後安坐不動，問題是我不知道！那麼要如何操作呢？第四章做了詳細的說明。

我們一直強調的停損，其實是配合實施順勢而行這個概念用的。買入股票當然希望股價升，期望能搭上漲勢的順風車。我們期望最好的結果，同時也不忘為最壞的狀況做準備；我們訂個停損價，如果股價運動和預期不吻合，可以認為過了停損點後「勢」就變了，這時要堅決離場，不讓本金承擔逆勢風險。

很多投資人就算看好某檔股票，也要等股價回彈才入市，但作為一個習慣做法，實在不值得鼓勵，因為股勢好的時候可能一個回彈都沒有，就只能眼睜睜看著股價離你而去。如果你將順勢而行當成策略，就不要去計較入場的小差價。

有時投資人會自豪地宣稱自己在最低點買入股票，在最高點賣出股票，這當然可喜可賀，但請同時提醒自己，你正在逆勢操作。

把順勢而行的概念放在心裡，每次在股市受挫時都將其作為判斷對錯的基石之一，然後問問自己：「我有順勢而行嗎？」「這次交易是試圖順勢而行還是試圖買便宜貨？」一段時間下來，就會有不同的心得體會。便宜貨不是不可以買，問題是大多數的投資人並不具備判斷股票是否便宜的知識深度；股價是否便宜並沒有固定的衡量標準，影響股價的因素很多。我建議投資人不要以試圖買便宜貨作為投資策略，還是以「順勢而行」來操作。

「順勢而行」是華爾街絕大多數專家的信仰，是已經過時間證明為成功率最高的股市法則，投資人應該將它當成自己操作的座右銘。

第六章

如何為自己
做好心理建設？

想成爲炒股專家，眞正直接有用的專業知識並不多，

但要實際應用這些知識，卻是嚴酷的挑戰……

只有不斷重複實踐，直到這些應該有的做法成爲自然反應、成爲直覺，

你才有了正確的心態，這時你才眞正學會了炒股。

在掌握了一定的股票基本知識和炒股經驗後，要想在股票這行長期生存，炒股者最不應該忽視的就是自己的心理建設。人性中根深柢固的「恐懼」、「貪婪」、「希望」影響著我們所做的每一個決定，使得我們常常做不到應該做到的事。

要完全克服人性弱點很困難，首先我們得知道這些弱點以及正確做法。

第一節

阻礙炒股的心理障礙

想成為一位成功的股票投資人，你必須做到下述三點：

第一，獲得炒股的基本知識。

第二，制定確實可行的炒股計畫。

第三，嚴格按照計畫實行。

到現在為止，你已具備足夠的基本知識來判斷股票的走勢和股市大市，知道應該如何選股、如何決定買入點和賣出點。你已經有足夠的知識架構制定作戰計畫。

股票的基本知識是死的，要學會它相對容易，制定作戰計畫也不難。困難在於如何將這些作戰計畫內化，自然地執行以及在必要時修改這些計畫。

業餘和專業炒手的區別就在這裡。

如何規畫作戰方案，決定於個人對風險的承受力，也決定於你預計的持股時間。如果你決定入股後就二十年不動，那自然有一套做法，可以只選五檔股票，每檔股票投入資本的二〇%之後就不再理它。二十年是很長的時間，五檔股票中可以有一檔股票翻了十倍，兩檔破產沒有了，兩檔不動，但如果這就是你的計畫，就照著做吧。

對一般中短期的炒手而言，如果你覺得自己對風險的承受力大，可以把雞蛋放入二到三個籃子裡，而且給比較大的停損程度，例如二五%；如果覺得自己對風險的承受力小，可以選五至十檔股票分散風險，把停損點定在一〇%或更小。這類選擇因人而異，也沒有哪種正確、哪種錯誤的講法，重要的是你覺得舒服，覺得自己控制著情況。有些人可能喜歡將所有資金只投資在同一檔股票中，這也沒問題，但如果因此而緊張得睡不著覺，那麼這個方式就不正確了。

現在我們談談，為什麼一般人總是不能嚴格執行原定的計畫。如果我們對自己和對市場都有完美的了解，要做到第三點「嚴格按照計畫行事」其實很容易。問題是，我們不完全了解自己，也不完全了解市場，只能「盡力而為」。這使得我們總是想盡辦法找藉口不按規矩做事，因為嚴格執行常常刺激我們最軟弱的部位──「自我」，它包括對虧錢的恐懼、對認錯的抗拒、對不勞而獲的期望，以及對一夕致富的夢想。

炒股是人類這種動物爭奪生存資源的鬥爭，一切人性都變得赤裸裸。先談談人的情感。人的情感是心理上對外部條件、對自身的受益或損害的反應，這基於我們在生活中的實踐，基於我們的價值觀念。

恐懼

我們有恐懼，如同孩童害怕受到火的傷害，於是「恐懼」使得孩童不敢再去玩火。這是對身體傷害的恐懼。我們害怕戰爭，因為戰爭摧毀生命和財產。我們從小教導小孩要「聽大人的話」，「聽話」逐漸成為價值觀的一部分，認為這是「正確」的價值觀。等我們長大後，自己成了大人，自然地將「聽大人的話」升格成「聽主管的話」、「聽專家的話」、「聽權威的話」。

小時候「不聽話」時所受的責罰，使我們恐懼日後不聽「上一級」的話會導致的後果。我們恐懼虧錢，小時候會用金錢交換糖果、交換衣服，知道失去金錢就失去交換這些令人愉快物質的媒介。所以在股市也不願虧錢，恐懼使我們無法停損。

恐懼是有傳染性的。聽到戰爭的時候，人人都充滿恐懼，雖然遠離戰場的普通百姓受到身體傷害的可能性其實很小，但因大家都恐懼，所以我們也恐懼。在股市，熊市來了，投資人開始恐懼，我們也隨其他投資人的恐懼而恐懼。事實是，當普通投資人感到恐懼時，熊市通常已接近尾聲。但我們絕對沒有膽量在這時悖逆大眾心理而動，恐懼使我們在應該進場的時候反而出場。

恐懼有很強的記憶能力。如果你在股市經歷了一個可怕的虧損，你將恐懼同樣的經歷會重新出現。在下次投資的時候，你的判斷力就會受到這個經歷的影響，任何可能有麻煩的跡象，無論這跡象多麼小、多麼基於想像，你都將做出離場的決定，以免再次受到傷害。這就是炒手們常常過早離場的原因。應該獲利五萬元的機會，你可能只得到五千元。上次你有了賺錢股票以虧錢收場的慘痛經歷，這次要避免同樣的傷痛，什麼走勢、大市、分析等都顧不得了。

一般人同樣恐懼不隨大流。股市出了熱門股，人人都在追捧，你有能力抵抗誘惑嗎？你對「未隨大流」的恐懼和失去「賺大錢」機會的擔心，常常使你在股票的最高點入股。

貪婪

貪婪是情緒反應的另一極端，在股市的表現就是在最短時間內賺很多錢。錢永遠不夠，你聽過有人嫌薪水太高、福利太好嗎？無論得到什麼、得到多少，你總會編出理由證明自己應該得到更多。這一方面出自人這種動物對爭奪生存資源的自然反應，另一方面源於對自己的無知、對外界的無知，這就是所謂的缺乏自知之明。在股票投資上，這種情緒極其有害。

首先，它會使你失去理性判斷的能力，不管股市的具體環境，你就是無法讓錢閒著，於是勉強入市。沒錯，資金不入市不可能賺錢，但貪婪使你忘記了入市的資金也可能虧掉。不顧外在條件，不斷地在股市跳進跳出，是還未能控制情緒的股市新手典型的表現之一。

貪婪也使你忘記了分散風險。

「我這注要賭大的！」若是你腦袋裡甜滋滋地想像著這檔股票翻兩倍的景象，卻忽略了股票跌的話，該怎麼辦？

新手的另一種典型表現是在加股的選擇上。你買了三百股十元的股票，如果升到十五元，你開始嘀咕：如果當時我買一千股的話該多好！同時你開始想像股票會升到二十元，立刻多買了三千股，把絕大部分的本金都投入到這檔股票上。假設這時股票跌了一元，你一下子從原先的一千五百元利潤變成倒虧一千八百元。這時你失去思考能力，希望開始取代貪婪，希望這是暫時的回檔，想著它很快就會回到上升之路，直升至二十元。你可能看到虧損一天天加大，害你每天都睡不好。

我不是說加股不對，而是說情緒性地加股不對，特別是在貪婪控制你的情緒之時。你是否被貪婪控制，自己最清楚。我是過來人，知道那個感覺。不要編故事來掩飾自己的貪婪。話說回來，如果你原先的計畫就是先用三百股來測試市場，你很清楚何時加股、應該加多少，情況不對的時候何時退場，你將不會有焦慮失眠等問題。因為部分的勝利而引發貪婪，情緒化地用貪婪引導行動，它終將引致災難。

希望

股票不斷爬升，你終於等不及，於是進場了，希望股票會繼續升。不幸的是，一旦進場，股票便開始下跌，你的帳面損失一天天增加。很自然地，你希望股價能回升到入市的價格，讓你全身而退。這種希望是阻止你進行理性思考的障礙之一。

一旦懷抱了「希望」之後，你每天都在尋找對你有利的資訊，忽略不利的消息，如同一般人對表揚常記於心，把批評當耳邊風一樣。你每天都希望股票能夠做對你有利的運動，而不是客觀地判斷市場。

希望，可以被定義成「對某種事物的期待」。成功的投資必須理性判斷今天和未來所發生的事件對股價的可能影響，「希望」在這個判斷過程中不應占有任何地位。股票的運動絕不以你的希望為轉移，它會走自己的路。

別忘了你買的股票都是其他人賣給你的。你有一定的期望，至少有相同的人持有相反的期望，沒理由認為股市對你特別偏愛。

每次進的股票開始虧錢，你必須嚴肅地問自己：原先買這檔股票的理由對嗎？再進一步問自己：如果今天沒有這檔股票，手上有餘錢，我還會買這檔股票嗎？如果答案是肯定的，就沒有賣出的必要；如果不是，那麼你就是在用希望取代理性判斷，趕快賣股走人吧。這樣做有兩個明顯的結果：一是防止小虧損慢慢累進成致命大虧損；二是你丟掉了包袱，容易開始新的市場觀察，尋找下一個機會。

以上討論了三個影響我們做決定的心理因素，是不是就全部包含在內了呢？當然不是。人的情緒千變萬化，我不是研究心理學的，更深一步的研究就留給心理學家。但我可以說，因為這三種心理因素影響炒股而犯錯的機率達九九%以上。

了解這些心理因素，我們就有了借鑑的根據，為什麼訂好了計畫，在執行中總是會出偏差？為什麼會犯那些事後回想起來覺得不可思議的錯誤？這些錯誤若照原定計畫嚴格執行，完全可以避免。

摔了跤，我們首先要明白為什麼摔跤，是踏到香蕉皮還是踩到西瓜皮？接下來，我們才知道該採取什麼樣的措施，防止未來再摔同樣的跤。

第二節
心理訓練

這本書所講的一切規則，都是說明如何克服這些影響炒股成功的心理障礙。如果將自己訓練到完全克服這些心理障礙，就不再需要這些規則，它們就可以自然而然、隨心所欲地發自內心。此時，你便從有招的業餘選手進步到無招的炒股高手。但是這條路十分艱苦漫長，你不僅需要戰勝自然（學習炒股的知識，還得戰勝自己），克服根深柢固的恐懼、希望和貪婪這些先天性的心理障礙，並且逐漸養成正確心態。

什麼是正確心態？

要成為炒股專家，真正直接有用的專業知識並不多，它比成為一位普通工程師的要求少多了。但要真正應用這些知識，卻是嚴酷的挑戰，因為這些知識並沒有嚴格的對錯之分，其對錯因人而異。人作為有智慧的動物，它的特性之一就是學習的能力。無論是炒股知識還是如何應用這些知識，都可經由學習得到。但你需要具備一定的素質，要有正確的心態。這些素質和心態是一般人或多或少都具備，但具備這些條件並不夠，還需要做到完美。具備這些條件只能讓你有時賺到錢，只有盡力使這些素質達到完美境界，才會有信心不斷賺到錢。這些正確的心態至少包括以下幾方面：

一、**相信自己**：自信是在任何行業成功的首要條件。一旦你連自己都不相信，在困難面前就會馬上打退堂鼓。相信自己的能力，相信自己能夠學習所需的技能，而且在實踐上獲得成果。

二、**誠實面對自己，評價自己**：無知的狂妄自大是做人失敗的主要原因，失敗的投資者大都認為股市欠他們什麼，他們太相信自己的判斷，事實和想像往往有段距離。

三、獨立的判斷能力：不要人云亦云，不要大家都追捧熱門股，你也跟著做，要用自己的經驗和直覺評價熱門股背後的理由是否站得住腳。當面對不同意見的時候，靜心思考一下對方的理由。

四、自我督促：這行業也是多勞多得的行業，但多勞多得是就長期而言，短期來說，你的努力不見得能得到和努力相匹配的結果。當成果和努力不直接掛鉤時，一般人總會鬆懈下來，這是要不得的。要想在任何行業成為專家，你必須鍥而不捨地努力。

五、改變的能力：股票的特性在於它沒有恆定的運動規律。你訂好炒股計畫後，必須隨時觀察計畫的實施效果及這個計畫是否符合你的風險承受力，必要時修改計畫。例如你原先決定只買兩檔最有潛力的股票，但你發現資本太過集中，晚上連覺都睡不好，這時你就必須攤開風險，買四或五檔股票，直到晚上睡得好為止。

六、熱愛你選擇的行業：如果你把炒股當做成名致富的捷徑，就犯了極大的錯誤。你必須熱愛炒股所提供的挑戰，享受你的每一個進步，在工作中得到樂趣。金錢僅僅是副產品。否則你會失望的。

以上六點是針對炒股寫的。其實，想在任何行業成為專家，你都必須具備類似的素質，養豬種菜也不例外，否則就是庸庸碌碌地混日子。

在炒股這行，由於金融市場快速多變，對這些素質的要求便顯得特別突出。沒有自信，你對犯錯的恐懼遲早將使你失去思考和做決定的能力。不使用獨立的判斷力，隨大流人云亦云，你遲早會發現自己是股票投資的失敗者。不誠實面對自己，你的決定將基於希望而不是事實。最後，如果你不是熱愛這個行業，只是追求金錢，很快就會發現炒股是多麼單調無趣，錢來得也遠不如你想像的容易。你很快就會舉手投降。

如何培養正確的心態？

一位成功的炒手必須具備正確的心態。你已明白必須建立規則，按照規則執行炒股計畫。你知道必須相信自己，要獨立思考，要自我督促，這些都是要努力控制自己並強迫自己去做的事情。只有在實踐中不斷重複，直到這些要求成為你的自然反應，成為你的直覺，你才有正確心態，這時才真正學會了炒股。

你必須學習體會：按規則行動是愉快的，不按規則行動是痛苦的。剛學會停損時，虧錢總是痛苦的，不然怎麼會稱為「認賠了結」？隨著時間推移，你經歷了小損成為大損的過程，其間的焦慮、懷疑、失眠，一次又一次，逐漸形成快速停損的心態。開始時定下的停損規顯得難以執行，慢慢地成為潛意識行動，一旦股票運動不對，不採取行動就寢食難安。

這就是你學股的成長過程。

炒股需要很多和人性逆向而行的心態，首先你必須明白這種心態，例如不願停損、喜歡不顧外在條件在股市跳進跳出、好獲小利等。**明白了問題以後，你必須潛意識地訓練自己不犯這些錯誤，就算犯了，也要告誡自己下次別犯同樣的錯誤**。為了做到這些，你要觀察、要反省。

觀察市場，用你的知識及經驗判斷市場的行動及發展，而做到這點的基礎，當然是你必須有一定的市場知識和經驗。隨著時間推移，自然地你會「感覺」到市場下一步的「方向」何在。潛意識中你會聽到一個聲音：「現在是買進的時候」，或者「現在是賣出的時候」。這時你開始將這個聲音和你的規則相比較。你若想買進某檔股票，便開始問：這檔股票處在升勢嗎？這家公司有沒有新產品？股票的大市是牛市還是熊市？這檔股票的價格變化和交易量的互動是否正常？

你問自己，心中「買」的聲音是源自「自以為是」，還是客觀的判斷。

每次犯錯，好好地分析自己為什麼犯錯、違反了什麼規則。人犯了錯，自然的情緒就是尋找代罪羔羊，如股票大戶操縱、報紙登假新聞、公司做假帳等。這些其實在股票的運動和交易量上都有跡可循。請清楚地提醒自己：自己，也只有自己，才能對結果負全責！犯錯不可怕，可怕的在於不承認自己犯了錯。炒股是這樣，做人何嘗不是如此？

炒股的正確心態還必須包括「專心」。

你要專心研究股市的規律，這需要實踐，只看幾本書是不夠的。如同游泳一樣，無論讀了多少關於游泳的書，不下水永遠也學不會。專心觀察股市，它是公眾參與的行業，股市有跡可循。特別留意自己熟悉的股票，一段時間後，你會發現心裡「買」或「賣」的聲音愈來愈精確。

給自己這樣的信心：只要我全力以赴、專心致志，什麼都能學會。你對這行了解得愈多，從中得到的樂趣也愈多。俗話說：「知識是享受。」股票的知識也不例外。而且這些知識除了精神享受之外，還能提供財務上的收益。專心是在任何行業成功的基本要求。

股票是極其普通的行業，不需要很大的資本，也沒有很多專業知識。千千萬萬人都在這行打滾，你想做得比他們更好，憑什麼？普通人每天工作八小時，你也工作八小時的話，只會是普通人中的一員。想比普通人站得更高、看得更遠，只有靠著八小時以外的努力。

享受你所做的一切。這聽起來或許很奇怪，但這是事實。一旦把炒股當工作，它就變得單調、辛苦。看看你的周圍，有多少人能說享受自己的工作？大都是為五斗米折腰，一天天混日子罷了。如果你每天都告訴自己「從炒股中得到很多樂趣」，你的心態就會不一樣。這不是阿Q精神，只要試試看就知道差別所在了。把工作當成享受，你會更專心。我所見到的人大都是這樣玩股的，他們把炒股當成業餘消遣，這些人永遠達不到專業層次。

讀了這麼多，不去做的話，那就什麼用都沒有。這個世界充斥著滿肚子幻想、但從不實踐的人，也有很多埋頭做事卻從不幻想的人。那些滿懷理想又努力用來實現這些理想的人少之又少，而只有這些人才會是生活中真正的成功者。他們每天都充滿活力，為實現理想而努力，不計報酬，因為工作的樂趣已是最大的報酬，他們把每個失敗和挫折都當成前進路上不可避免的障礙。

從這一點來說，在股票行成功的條件與其他行毫無區別。

再看看你周圍那些空虛的眼神，那些埋怨「我還沒碰到機遇」、「我這匹千里馬未遇到伯樂」的「懷才不遇」者，幾乎毫無例外地成日怨天尤人，搬弄是非。這些人要嘛從來就沒有理想，要嘛從未想過努力實現自己的理想。所有理想隨著時間推移而消失，他們充滿著對自己的不信任和深深的不安全感。

要成為哪種人？答案很清楚。從今天開始，從現在開始，給自己訂個可行的目標，訂個實現這個目標的計畫，堅定不移地按計畫做。只要鍥而不捨，你遲早能達到這個目標。鍥而不捨，說起來很容易，教別人怎樣做也很容易，自己執行可就辛苦得很，但它所能獲得的結果將十分驚人。

我還要提醒你，在你成功之前，會碰到很多嘲笑你的人。嘲笑別人很容易，要自己做出一些小成就卻非常困難。我發現那些喜歡嘲諷的人，幾乎沒有例外是生活的失敗者，庸庸碌碌地混日子。對這些人的嘲笑，你必須能一笑置之。

最後我要告訴你，**從有招到無招需要時間，這個時間會比你希望的還要長很多**。如果你的悟性不錯，也要費時五至六年。

我在美國就讀的商學院叫巴魯克商學院（Baruch College）。巴魯克是一九三〇年代著名的投資家，從華爾街賺夠錢後成為羅斯福總統（Franklin Roosevelt）的財經顧問，他的自傳《華爾街孤狼巴魯克》前面講的便是他的華爾街生涯。他父親是位著名醫生。剛進華爾街時，父親給了他十萬美元，那時候可是一筆鉅款，但這十萬美元只撐了三年。他告訴父親已虧光十萬美元，正等著父親狂怒時，父親卻沒有生氣，只給了他信任的目光，而且又給了他十萬美元，告訴他這是家裡最後的財產了。

第六年的時候，他第一次一筆賺到六萬美元。在自傳中，他說他明白自己從此完成了炒股的初期教育，不再「妄想」在華爾街生存，而是「知道」能在華爾街生存。他在自傳中充滿著對父親的崇敬。本書〈華爾街的家訓〉中，我摘錄了他對炒股的十點建議。

二十世紀初另一位著名的炒家李佛摩也說，他用了五年時間，才學會怎樣理智地玩股票遊戲。

在本書第九章〈和炒手們聊聊天〉中，我會詳細地談談自己學股的過程。從什麼都不懂到有信心，不斷地從股市賺到錢，我也花了近六年的時間，那還沒計入我業餘炒股的經驗及金融碩士的知識背景。所以，你要準備「長期抗戰」。

第七章

抓住大機會

「瘋」也是人性的特質。

如果你能抓到一個這樣的「瘋」，

你的生活就能有「量變到質變」的變化。

要想眞正在炒股中賺到大錢，

就必須有能力認識這種「瘋」並投入其中，

而且在假象被大眾識破之前退出遊戲。

二十世紀末的大炒家、今天已升格成慈善家的索羅斯，是這樣披露他的賺錢祕訣的：「經濟史是一部基於假象和謊言的連續劇，經濟史的演繹從不基於真實的劇本，但它鋪平了累積巨額財富的道路。要獲得財富，做法就是認清其假象，投入其中，在假象被公眾認識之前退出遊戲。」

股市不時會發股瘋；股瘋給了一般投資人一個升級到「慈善家」的機會！因此，有關投資中「瘋」的話題自然是難以迴避，本章總結了前面幾章的內容。

第一節　「瘋」的故事

在你的生涯中，通常會碰到不少大大小小的「瘋」。從一九九〇年代初中國的股「瘋」、更早之前的郵「瘋」，到下面介紹的「瘋」故事，你會發現「瘋」也是人性特質。如果能夠抓到一個這樣的「瘋」，你的生活就可以有「量變到質變」的變化。要想真正在炒股中賺到大錢，就必須有能力認識這種「瘋」並投入其中，而且在假象被大眾識破之前退出遊戲。

南海泡沫

經濟史上最著名的三大瘋案分別是：南海泡沫、荷蘭鬱金香和密西西比狂。任何講經濟史的書都曾詳細描述這三個故事，為了節省篇幅，我在這裡只講南海泡沫的故事。

十八世紀初，英國人相信一個有極大增長的機會，是與南美洲和南太平洋的貿易。一七一一年，南海公司在英國註冊，它獲得英國政府所給的專營，以及當時是西班牙殖民地的南美洲和南太平洋的貿易權。取得這項專營權的條件之一，就是該公司要負責部分的英國國債。但當時的西班牙政府不許這些殖民地和外國人交易，南海公司僅被允許做奴隸運送的交易，並且每年只准運一船，利潤還要讓西班牙政府分一杯羹。從一開始，南海公司讓其股票購買者想像的大筆黃金和白銀會從南美洲源源而來的承諾就是個騙局。但人們老是期待西班牙總有一天會開放貿易，公司就這樣不死不活地撐了幾年，股票也沒有大的起伏。

這樣不死不活地撐著總不是辦法，到了一七一九年，南海公司的董事們重新找上英國政府，建議用南海公司的股票償還給英國國債的持有人，最終建議全英國的國債都用南海公司的股票償還。英國政府一一接受，因為它樂見國債能用這樣的方法償還。

要使這樣的運作成功，就必須使南海公司的股票不斷攀升。因為公司的利潤有限，唯一的方法就是不斷散布西班牙政府會開放貿易的謠言。其間，民眾聽說西班牙政府已同意南海公司在祕魯開闢一塊營運基地等，黃金白銀從此將從南美滾滾而來的美景，占據了每位股票持有人的想像。

一七二〇年九月，南海公司的股票達到每股一千英鎊，半年之間升了八倍。一夜橫財的故事總是如此吸引人。當時，社會風氣發展到沒擁有南海股票就跟不上時代潮流的地步。在最高潮時，南海公司的股票總值是全歐洲（包括英國）現金流量的五倍！

隨著股票一天天增值，許多人放棄工作，投身股市。還有什麼比賺錢更容易快速又更令人著迷呢？貪婪是沒有止境的。股票上市，來錢如此容易，各種各樣的公司都試著向大眾推銷他們的股票，其中有專營從西班牙進口翠鳥的，還有專營人類頭髮買賣的。倫敦一位印刷工人登記了一家「正進行有潛力生意」的公司，雖然沒人明白這家公司到底做什麼生意，他還是在六小時內賣出了兩千英鎊的股票。要知道，兩千英鎊在當年是筆鉅款。這位印刷工人當然從此下落不明。那些沒能盡早買到南海股票的民眾，生怕失去碰到下一個南海公司的機會，紛紛將大把大把的血汗錢投入到這些莫名其妙的公司。

回頭想想，人們會嘲笑當年的民眾真是瘋了。當年也不是沒有頭腦清醒的人，他們早一步指出這個泡沫會破碎，但市場用不斷升高證明他們的論點錯誤。一開始還有人聽聽他們的警鐘，隨後便嘲笑他們的短視。騙案層出不窮是所有「瘋」到了晚期的特徵之一。陷入瘋狂狀態的民眾是行騙的最好目標，他們失去了最起碼的警惕。此時騙局不僅限於小人物，南海公司的董事們一方面大量行賄英國政府官員，另一方面眼紅其他大小騙子把原可用來支撐南海股票的資金吸走，開始指出這些公司的騙局，結果反倒促使民眾懷疑南海公司是否也是這樣的騙局。

在一個月內，民眾的感覺發生了一百八十度的轉變，他們開始懷疑西班牙政府是否真會給南海公司想要的交易權。九月底，股票從月初的一千英鎊跌到一百二十九英鎊，許多投資人破產。那些接受南海公司股票做抵押、貸款給投資人炒股的銀行一間間倒閉，英格蘭銀行也難以倖免。

另外兩宗瘋案也十分有趣，我建議讀者去找來看看。我印象最深刻的是，在荷蘭鬱金香狂的後期，有位客人在主人家看到一顆洋蔥，便將其炒來吃了，後來發現，這顆「洋蔥」原來是一種稀有鬱金香的球莖，市值高達兩幢房子外加一輛馬車。

佛羅里達的「土地瘋」

佛羅里達州位於美國東南端靠近古巴的地方，冬季氣候溫暖溼潤。一般來說，來自紐約等酷寒地帶的美國有錢人，喜歡在冬季到佛羅里達的棕櫚海灘等地避寒。第一次世界大戰後，這裡已成為一般民眾的冬天度假勝地。

佛羅里達提供人們一個輕鬆的環境，提供了在酷寒中勞作的東北部居民一個短暫逃避的場所。而且佛羅里達的土地均價較美國其他地方低得多，自然成為美國人買個冬天度假屋或買塊土地日後定居的理想場所。隨著需求增加，土地的價格也開始慢慢升值。

從一九二三至二六年，佛羅里達的人口大增，土地價格升幅更是驚人。**如果說土地升值有其堅實的經濟基礎，那麼「瘋狂」就源自於「貪」**。有個故事說，幾年前有人用八百美元在邁阿密海灘買了一塊地，在一九二四年賣了十五萬美元。附近還有一塊在一八九六年價值僅二十五美元的土地，在一九二五年賣了十二．五萬美元。

這種一夜橫財的故事最為人們津津樂道。

當時，美國經濟蓬勃發展，土地價格也很低。很快地，在邁阿密近海約兩百公里地段，各種建設項目如雨後春筍般矗立。沼澤地的水抽乾了，鋪上新的道路。每個人都在談論土地的供應如何有限，人口增加如何快速，這片陽光地帶的土地如何很快就將被搶購一空。

有限土地的事實帶給人們想像上的危機，今天不買，明天就買不到了！土地價格節節暴漲，最後遠遠超出眾人的想像力。

一九二五年，邁阿密只有七萬五千人口，其中地產經紀人就有兩萬五千名，超過兩千家的房地產公司。按照這個比例來算，無論老幼，每三位居民就有一位專做房地產買賣。一九二六年某則新聞曾經報導，某位地產炒手在一星期內將本金翻了兩倍。賺錢的故事總是傳得飛快。

人們買土地不再是用來居住、建廠房或其他實用的目的，買土地的唯一目的就是怎樣轉手謀利。當時買土地的訂金是一〇%，土地價格每上升一〇%，這些炒手們的利潤便是一〇〇%。開往邁阿密的火車、輪船上，擠滿了作發財夢的美國人。隨著邁阿密海灘附近的地價飛漲，附近沼澤地的水被抽乾，一塊塊地投入市場。面對著似乎無窮盡的土地供應，發地產瘋的民眾開始清醒了。

但在瘋狂的時刻，特別是某人如何一夜暴富的傳言繪聲繪色地廣為流傳時，人們很難保持頭腦清醒。炒股好手李佛摩也參加了這場遊戲，他認為佛羅里達的土地會繼續升值。別忘了，當年他在金融界的地位就如同今天的金融大鱷索羅斯一樣。

銀行通常是保守的，其貸款主要按借款人的還貸能力而定。但隨著土地價格不斷升高，銀行也拋棄了這個原則，他們批准貸款不再看借款人的財務能力，而是改為專注土地的價格。銀行不是忘了行規，而是你不做生意，其他銀行會搶著做。

所有的瘋狂都有夢醒的時候。隨著沼澤地一塊又一塊投入市場，新進的資金不足以支撐土地價格的不斷飆升，那些財力不夠雄厚的炒手首先被貸款壓垮投降，銀行只好收回土地到市場拍賣，這些土地又帶給市場新的壓力。轉眼間，銀行對買地者要求遠遠超過一〇%的訂金。人們不再討論只升不跌的佛羅里達地產。當然，新的買主即刻消失，只剩下一間又一間倒閉的銀行。

在二十世紀八〇年代末，筆者也曾以地產交易經紀人的身分加入買賣佛羅里達地產的行列。佛羅里達暖風徐徐，公路旁的沼澤地一如六十年前一望無際，不遠處就是前輩李佛摩常去釣魚的大西洋。斯人已逝，藍天白雲依舊。某日接到電話，有位女士在三十年前花五千美元買了塊地，她想把土地脫手。我告訴她大約能賣七千五百美元。但她說加上利息，她虧大了，不肯賣。差了半個世紀，佛羅里達的地產似乎沒有改變。

再講個發生在近期的故事。

一九八〇年代的「科威特股瘋」

一九八〇年代的科威特股瘋是現代金融史上的大笑話。一九七六和七七年間，科威特的股票市場如同晚期癌症病人般委靡不振。政府使用售賣石油的鉅額收入來維持股市，以政府的名義大量收購股票。賣石油的鈔票來得容易，政府希望沒有一個國民因為在股市虧錢而對政府心懷不滿。

真正的股瘋開始於一九八〇年。在民眾看到政府如何保證投資人炒股只賺不賠時，他們開始如蒼蠅聞到臭肉般湧進股市。由於官方的證券交易所只列有九十檔股票，投機活動大都集中在「店頭市場」，或稱「非官方交易所」，就坐落在往日拍賣駱駝的舊房子內。

科威特的一個金融舊股使得股瘋的形成不可避免。在科威特，股票投資人可以用遠期兌現支票來購買股票。從法律上說，支票擁有者可以隨時要求付款，而不是依照支票上的兌現日期。但這樣做違反了阿拉伯人的「誠信」，幾乎沒有人是這麼做的。到一九八〇年為止，科威特還未有破產的案例。自然，投機者看到股票價格每個月以一〇％、二〇％甚至高達五

○%的速度上升，雖然銀行帳戶上沒錢，他們還是開出遠期兌現的支票購買股票，他們知道支票到期時能夠把股票賣掉兌現，政府不會讓他們虧錢的。

這個憑空出現的購買力如同把汽油澆到火中，股市沖天而起。股票投資公司一家家開張，還有專門投資這些股票投資公司。他們都列到店頭市場交易，每家投資公司的價格都飆升到遠超其本身的資產價值。

瘋狂的最高潮是一九八一年初，有些股票每月升幅超過一○○%。科威特的股市總值從五十億美元膨脹到一千億美元。

場外交易的店頭市場中，很多股票甚至不是在科威特登記註冊的，它們的註冊地有些在巴林，有些在阿拉伯聯合大公國。這些公司不受科威特法律管轄，一半的公司甚至沒有年度報告。從法律上講，只有科威特的國民才可以買科威特的股票，附近巴勒斯坦、埃及、巴基斯坦等地的投機客則只能透過科威特的人頭進入科威特股市。

科威特是波斯灣各國的金融中心，這波股瘋難免傳染到附近區域。附近有個叫沙迦（Sharjah）的地方，當地發了石油財的財主們決定發展房地產。不幸地，沙漠邊上的房子乏人問津，空空的大樓讓他們愁死了。科威特的股市給了他們靈感，於是把其中一家旅館改建成醫院，以「海灣醫學中心」的響亮名號將這些房地產上市。這些新股立即得到兩千六百倍的超額訂購。整整一星期，每天都有一、兩架飛機將訂購單送到「海灣醫學中心」的發股商——沙迦銀行（National Bank of Sharjah）。由於訂購單太多，沙迦銀行聘請了四十位埃及的學校教師幫忙登記。「海灣醫學中心」的股票在科威特的店頭市場翻升了八〇〇%。

對於那些瞠目結舌的西方金融專家，科威特人會教導他們：「別用你們的眼光看我們的股市，這裡的情況和你們不一樣，我們有自己的特色，政府不會讓股市崩盤。」

有八位自稱「輕騎兵」的年輕人，一共開了五百五十億美元的空頭遠期兌現支票。其中一位叫賈西姆．穆塔華（Jassim Al-Mutawa）的郵局職員，才二十幾歲，一個人就開了一百四十億美元支票。他的堂兄弟納吉．穆塔華（Najeeb Al-Mutawa）從不登記開出多少支票，最後發現他的空頭數目達三十四億美元。

氣球終於在一九八二年脹到頂，刺穿氣球的針頭有三支：第一支是因石油價格的下跌，科威特一九八二年的石油收入只有一九八〇年的四分之一。第二支是新的財政部長表明，政府不可能繼續支持這個病態的股價。第三支終於在一九八二年八月二十日，一位忐忑不安的賈西姆．穆塔華支票持有人在支票兌現期之前要求付款，雖然不合習俗，但完全合法。結果不難想像，賈西姆根本沒有這個錢。氣球即刻爆炸，幾天之內，千百位投機客在空頭支票面前舉手投降，股市崩潰。上述「海灣醫學中心」的股價跌了九八%，只剩發行價的六分之一。九月，科威特財政部要求所有這類可疑支票全部清帳，總數達九百億美元，遠超過科威特的全部外匯儲備。

中國的「瘋」故事

早些年，我在美國讀到有關中國郵票瘋的報導。一張毛主席和林彪在天安門城樓檢閱紅衛兵的郵票被炒到四千元人民幣。清朝的大龍郵票被炒到上百萬元不奇怪，因為全世界僅存一枚。而毛主席和林彪檢閱紅衛兵的郵票我自己都用過，那是文革期間最常用的郵票之一，四千元是當年普通員工一年以上的薪水。如果不是期待比你更傻的傻瓜會用比四千元更高的價錢讓你脫套，你還會買這張郵票嗎？為什麼不去箱子底下找找舊信封，或許你會找到好幾張這樣的郵票。

炒過玉石嗎？炒過藏獒嗎？看看周圍，類似的瘋故事總是不斷上演。前段時間我看到報導，曾經身價數百萬的藏獒在某些地方成了肉狗，狗肉論斤賣。

第二節
「瘋」故事解剖

與上述故事類似的瘋案每天都有，只是大小程度不同罷了。讀者或許要問：這類故事很刺激，也很好玩，是吃飽飯後聊大天的好材料，但是和炒股有什麼關係呢？如果你讀到這裡，想像不出這些故事的涵義，你還要多多培養自己的悟性。但若你聞到了銅臭味，那你在炒股這行大有潛力。

每個故事都是氣球從吹脹到脹破的過程，時間可能是幾個月，也可能是幾年，但所有氣球都一樣。氣球吹脹的初期，後面一定有個動人的故事，提供人們無窮的想像。發財的希望，促使投資大眾開始投入。如果是股票，表現就是成交量增加，股票價格升高。隨著股價升高，它吸引更多人的注意。有些人忍不住了，將升值的股票脫手獲利，另一些投資人趁回檔入市。每一個更高的波浪都帶動更多的貪婪心理，吸引更多的投資人加入。股票將節節升高，形成了所謂的「升勢」。在氣球破碎之前，通常是瘋狂到極點的時候，股票可能在幾天內暴漲一倍甚至更多，股友開始盲目入貨，生怕明天的狂升會失去自己的一份。

第二章第二節「股票的正常運動」那一小段便描述了全過程。細細品味一下氣球從吹脹到脹破的過程，以及其間民眾的心理轉折，你會對如何炒股有全新的認識。

「瘋」的特性

以下讓我們總結一下「瘋」的特性：

一、可信的想法、概念或產品，能提供快速增長，帶來鉅額財富。

二、社會熱錢甚多，或透過某些方式「創造」出熱錢。一旦這些資金集中在某個領域，必定帶來滾雪球效應。

三、這個想法必須具備既簡單又複雜的特性。簡單到一般民眾都能覺得是個好主意，但必須複雜到很難用事實證明其對錯，否則氣球吹不起來。

四、有人賺到錢！沒有什麼比輕鬆和快速來錢更能吸引一般民眾了，它傳染的速度遠遠超過瘟疫。

五、氣球脹到一定地步，有「專家」背書。氣球會繼續脹，這些「專家」通常是偶像人物，代表智慧、權威、信賴。民眾相信自己在模仿成功人士。

六、氣球脹大的時間比常人想像得更久。最初指出氣球會破的人，隨著氣球的不斷脹大而被嘲笑。

給讀者一個作業，把上述三個故事用「瘋的六大特性」做個總結。

讓我們分析一下一九九〇年代初期中國的股瘋。

一九九〇年代初期，中國經歷了第一次股瘋，股票漲了幾十倍。深圳發展銀行面值一元的股票被炒到八十多元；豫園商場一百元面值的股票，一九九二年五月漲到一萬零五百元。今天回過頭來，我們感嘆股市的神祕莫測，其實它也一樣有跡可循：

一、股票對中國老百姓來說是新概念。

二、社會的熱錢很多，很多人是用國家資本炒股。當時熱錢也沒有什麼宣洩的管道，形成「十億人民九億股」的局面。

三、股票這玩藝既簡單又複雜。一般老百姓都知道股票，但股票到底是什麼東西、有什麼規律，知道的人大概就不多了。

四、有人賺到錢。當初剛開始發行股票時，大家都有疑慮，常是官員動員大家「支持祖國的股票事業」。一旦民眾聽到五千元變成五萬元的故事，股市便開始沸騰。

五、人人都說股票不會跌，因為國家會支援。中國的國情和他國有別，街頭巷尾的「炒股專家」都認為股票會不斷升。

六、最初認為股市「瘋」了的人，被嘲笑為沒膽量、傻瓜。

幾年前的地產「瘋」也有類似的特性，請讀者自己歸納一下。下一個「瘋」是什麼？誰也不知道，但我肯定它一定還具備同樣的特性。

若從歷史回顧，每一個瘋故事通常都有特別的歷史背景，代表一個特別的歷史階段。作為股票炒手，我們不需要在歷史問題上糾纏，但認識大時代的能力還是必需的。南海泡沫發生在大航海時代，李佛摩則處於大建鐵路時代，在這之後還有收音機時代、電視機時代。

如果你生活在一九三〇年代的中國，時代的召喚是打破舊世界，開創新世界。那是個從軍的時代。你若跟隨毛澤東上井岡山，你當對兵了，就有機會成為開國功臣。在股票術語來說，就是「你買對了原始股」。

你若生活在一九九〇年代的美國，那是網路興起的年代，是資訊社會興起的年代，你投資網路公司就是加入大時代；成為其中一員，就有可能獲得鉅額報酬。有些老式投資人如巴菲特堅持不投資不懂的東西，那也是一種選擇，就像大革命時代留在老家種地也是一種選擇；但我們看到的是，巴菲特在股票投資上失去了一些大機會。

「瘋」故事新編

讓我編一個「長生不老瘋」的故事。

二〇五〇年，永生集團趙主席宣布，經過多年研究，他們發明了返老還童藥「一靈散」。研究所的錢教授透過科學鑑定，「一靈散」具有某種什麼素，可以和人體的什麼酸發生反應，去除細胞的什麼基。這個基導致了人體細胞的老化。隨著這種基的不斷減少，細胞將可以愈變愈年輕。

剛開始老百姓都覺得好笑：「又來一位賣假藥的！」但很快地，永生集團又宣布美國的孫博士透過高分子實驗，證實了這個科學過程。同時，趙主席宣布此藥已開始申請美國專利。在公司公布的資料中，有幾十位服用過「一靈散」的人現身說法：自從服了該藥，他們皺紋減少，皮膚彈性增加，體質明顯變好；以前走路困難的九十老翁，今天已能慢跑，並且有照片為證。栩栩如生的廣告鋪天蓋地而來。

反正藥並不貴，開始有人嘗試，味道也不錯，公司的業績開始上升。據公司公布的財務資料顯示，「一靈散」的銷售額以每季五〇〇%的速度上升。永生集團的股票開始活躍。

一年後，永生股票的價格已從每股一元升到八元。這時，報紙登出趙主席和已退休的前李副委員長合照的相片，還附有前李副委員長的現身說法：自從服了「一靈散」，體力大增，精力旺盛。持有同樣說法及有照片為證的有著名的周影星、吳大導演、鄭歌唱家、王院士，他們都是眾所周知的人物。股票在一星期內由八元升到十五元，「一靈散」成為大家談論的焦點。炒股票的人不擁有永生股，簡直就被認為跟不上潮流。「一靈散」成為送禮佳品。永生股票升到三十元。

兩個月後，趙主席宣布：歐、美、日本已開始考慮給「一靈散」專利，永生集團準備在全世界開設分公司，將「一靈散」這一造福人類的發明推向全球。永生股票狂升到八十元。雖然有報導說趙主席不斷脫手自己的股票，但他說是為「一靈散」走向全球準備資金。著名的股票評論家古博士在電視上發表看法：永生股票有升值到一千元的潛力，他看好後市。這時人人都爭當永生集團的股東，股價升到兩百元。

看到永生集團的「一靈散」有如此強大的吸引力，永進集團宣布推出「二味膏」。它透過七位生物化學教授多年研究，具有減緩細胞衰老的功能。永進集團股價暴升。永發集團宣布推出能提高智商、增強記憶的「三仙素」。電視裡有林同學為證；林同學考了三年大學都沒考上，自從用了「三仙素」，一考就中，現就讀交通大學。永發集團的股價大漲！

有一天，食品藥物檢驗局突然宣布「一靈散」的專利暫不批准，需要更多的科學證據。這時永生股票已升到四百元，消息見報當天，股價由四百元跌到三百元！但趙主席隨即宣布：公司已準備提供新的材料給檢驗局，這些材料將準確無誤地證實「一靈散」的功效。股價從三百元升回三百二十元。

又過了一星期，永生集團的黃技術員在報上指出，「一靈散」根本沒有可靠的實驗資料，那些科學根據只是廣告宣傳。趙主席隨即指控黃技術員是因為要求加薪未遂，肆意造謠。但大家心中開始懷疑，永生股票跌到一百五十元。

又過了三天，食品藥品檢驗局正式通知「一靈散」科學證據不足，不允許作為藥品宣傳出售。永生股票狂跌到十元。永進、永發的股票也都跌到歷史最低點。一星期後，永生股票被停牌，公安局以詐欺罪拘捕趙主席……

不要以為同樣的故事不會發生在現實生活中。這個故事的原型，脫胎自一九三〇年代上海灘名人黃楚九及其傑作「艾羅補腦汁」。黃楚九原是默默無名的中醫，他用幾味中藥製造出糖漿，利用當時國人的崇洋媚外心理，請了位洋流氓掛牌照相，說是艾羅博士的發明，功能為補腦提神。幾年之間，靠他一流的推銷手法，居然使「艾羅補腦汁」風行大江南北，他自己也從窮小子升格為「慈善家」。老一輩的上海人應該都熟悉他的故事。

作為股票炒手，我們無從追究一靈散的真假，或許是真的也說不定，重要的是怎樣炒永生集團的股票。當股票從五元、十元到二十元時，股票的價格和交易量應有什麼樣的特點？當股票從四百元跌到三百元時，又提供給炒手們什麼訊號？請複習一下第三章第二節「抓住正常運動中的股票」那一段。如果你能在二十元入股、三百元離場，基本上已掌握了炒股的藝術。

如果重複也是教育其中之一的話，讓我們重複一下索羅斯賺錢的祕訣，作為這一章的結尾：「經濟史是一部基於假象和謊言的連續劇，經濟史的演繹從不基於真實的劇本，但它鋪平了累積鉅額財富的道路。要獲得財富，做法就是認清假象，投入其中，在假象被大眾識破之前退出遊戲。」

第八章

善戰者無赫赫之功

股市的仗是打不完的，

所以每個戰役的策略從開始就不應該試圖一戰完功，

而是應該遵循「結硬寨，打呆仗」的方式發揮自己的優勢，

以最小的可能損失，一步步實現財務自由的策略目標。

孫子曰：「善戰者無赫赫之功，故善者之戰，無奇勝，無智名，無勇功！」這句話的意思是說，會打仗的將軍不擔大風險，不耍小聰明，不逞匹夫之勇。結果，會打仗的將軍往往沒有值得誇耀的戰績。《孫子兵法》的這個說法不僅適合軍事戰場，對於股票交易也有特別意義。

曾國藩或許是這個說法的代表人物，他率領湘軍剿滅了太平天國。這裡不探討那場戰爭的性質，只看一下曾國藩是如何打仗的。

事情發生在一百多年前，紀錄很完整，歷史學家幾乎找不到曾國藩打過「大勝仗」的紀錄。他用「結硬寨，打呆仗」的方式，集小勝為大勝，一步一步將太平天國逼上死路。「結硬寨」就是用深壕高壘保護自己，盡量先不受損失；「打呆仗」則是不心存僥倖、不投機取巧，有多少實力打多大的仗，因而在滿清成為以文人而封「武侯」的第一人。曾國藩進士出身，《孫子兵法》讀到滾瓜爛熟，真正實踐了「善者之戰，無奇勝，無智名，無勇功」。

戰場上殺敵一萬，自損八千，故善戰者不求殺敵盈野，但求不戰而屈人之兵。股市中想要一把賺一〇〇%，就得準備一把虧八〇%，故善炒股者不試圖一把豪賭將本金翻倍，而試圖在不怎麼虧錢的情況下讓資本不斷增值。善戰者集小勝為大勝，最後完成戰略目的。善炒股者集小贏為大贏，最後達成財務自由。殊途同歸！

這些話是我自己專職炒股多年、付出慘重學費之後才有的深刻體會。借用李佛摩的話，**虧掉幾百萬之後，我想告訴你的是：善戰者無赫赫之功！**

那些靠轟轟烈烈大搏殺勝出而奪名者，後果常常不妙；一場大搏殺取勝，自然而然地尋找下一場大搏殺，直至碰到衰運後一無所有。你可以連續五次一〇〇%的賺，只要一次一〇〇%虧就一無所有。最好的例子就是我們熟悉的前輩、炒股天才李佛摩，他以豪賭名揚天下，但一生破產三次，死時一無所有！

還有不少將軍以赫赫之功名揚天下，成為一代戰神後榮譽退休；因為仗畢竟有打完的時候，對手都消滅了，想繼續打都沒得打。霍去病就靠千里奔襲打得匈奴「亡我祁連山，使我六畜不蕃息。失我焉支山，使我嫁婦無顏色」，立下不朽功績。匈奴最後要嘛投降，要嘛西遷。但股市的仗是打不完的，只要敗一次，就可能前功盡棄，所以華爾街有這樣的說法：**「華爾街有勇敢的交易員，華爾街有年老的交易員；華爾街沒有勇敢的老交易員。」**

這時可能有投資人會問，我就是想在股市試試可不可以追求赫赫之功，不行嗎？當然，你絕對可以試試。任何人決定做一件事情之前，都應該釐清做這件事情的目的以及達成目的的手段。

第一節
首先確定自己的策略目標

對大多數新投資人而言，入市常常是因為左鄰右舍在股市賺到錢，忍不住也想賺幾個錢來零花。這類投資人無論是知識或經驗都不足以給自己制定策略目標，學習是他們的首要任務。如果你的股齡小於五年，通常還處於學習階段，這個階段的策略目標應該是用最小的代價了解股市。

過了新投資人那個階段，就應該開始為自己進股市的目標定位。不可否認地，部分投資人就是想賭一把。這也沒錯！手裡只有三萬元，不僅大事辦不了，就連小事也辦不了！有它不多，沒它不少！況且年紀還輕，那就賭賭吧。就像紐約六合彩的廣告詞：「一塊錢買一個夢！」三萬元翻十倍變成三十萬，再來十倍就是三百萬，初步的財務自由就有了。

股票從三元升到三十元的機會常有，但這種賭法是金融市場的窮人鬧革命，任何投資人做這樣的賭博行為之前，請確定賭股的錢是閒錢。

買彩券可能發財，但買彩券的發財方式無法重複；賭股票也有人發財，賭股票發財的方式同樣無法重複；一件不重複的事情沒法學習。

有一種做法介於賭股和專業炒股之間，在美國稱「日交易」。特點就是不僅全力入市，通常還加幾倍槓桿，但持股期間很短，用縮短持股時間來降低風險。我早年炒股也常常用日交易，但這種方法只能操作比較小的資金，而且對心理素質要求極高。日交易可稱為「股市偏行」，成功率很低。但作為一種操作方法，它確實存在。

對一般家庭來說，手頭的錢有其他用途，孩子學費、房屋貸款、晚年退休都要靠它。會進行投資是希望資金能夠增值，所以底線是資金不可以消失不見。如何管理這些資產有一套理論，現代資產配置理論就是研究在不同的風險下如何分配投資。

如果資產必須保本，那麼只能將錢投資在銀行的儲蓄帳戶，報酬雖然比較低，但至少本金是不會虧掉的。存點錢對大家都不容易，所以這個世界的閒錢其實大都存在銀行的儲蓄帳戶裡。

如果把閒錢投資在股市當中，那麼如何管理就有學問了。將全部身家賭一檔股可能快快發財，但是也可能快快破產。投資到多檔股票雖然降低了風險，卻也降低了快速發財的可能性！顯然，對報酬的期待會影響資產配置的方法；如果你希望本金每年翻倍，大概只能集中買一檔股票賭一賭；如果你滿足每年一〇%的報酬，則可以分散投資到十檔股票，其中一檔翻倍，其他打平，你的目標就實現了。哪一種方法風險大，哪一種目標容易實現，從直覺就感受得到。

天下沒有白吃的午餐，你想多賺一分報酬，就要準備多擔一分風險。

現在問自己：我是有些閒錢想賭一賭，還是有老有小想穩當投資？或者主要穩當投資，但不怕拿些小錢賭一賭？分清楚自己的情況，下一步就是選擇投資策略。

我們明白股市的風險是同步的。在股市投資要面對一個很嚴肅的課題：如何對投資風險定位。因為資產的具體配置是由風險定位來決定，但這又和期待的報酬有關係。

讓我們談談什麼是從股市可以期待的合理報酬。

第二節

什麼是可期待的合理報酬？

股票這個市場有它本身的特殊性，其大勢基本上依據經濟的成長運行。這就決定了股票大勢的成長有一定的速率，不可能完全脫離經濟成長這個大框架。當股市增長遠遠快過經濟增長之時，有個特別的名詞叫做「泡沫」。

回顧這一百年歷史，經濟不斷增長，新科技不斷發明，人的壽命也不斷延長，我們看到的股票大市總體也在不斷上升。

現在來談談股票指數。在美國最具代表性的股價指數是標準普爾五百指數（Standard and Poor's 500），它在美國八千檔左右的股票中，選擇了五百大公司股票股價加權平均作為指數（道瓊指數只有三十家公司，樣本數比較少）。基本上，標準普爾指數的起伏代表了美國股市的波動，我們談股票大勢通常指的就是這些指數的波動。中國的股票指數組成其實也一樣。

那麼從這八千檔股票中分別選一檔、十檔和一百檔股票做投資組合，這個組合的波動和指數比較會有什麼情形呢？直覺上，我們就會有這樣的判斷：一檔股票無法預測，十檔股票的組合波動應該和指數有點相似，一百檔股票的組合波動應該和指數非常相似。這個想像符合了數理統計原理。

控制股市風險其實也只有兩種方法。股市風險可分為「個股風險」和「大市風險」。個股風險來自股票的不可預測，你不知道哪支個股哪天會大跌；大市風險在於你不知道什麼時候大市也可能來個大跌。個股大跌的例子天天都有，這裡就不另外舉例了。

一九八七年十月十九日，道瓊指數一天跌掉二二・六%，被歷史稱為「黑色星期一」！若手邊有股票，這天大概每個人都逃不掉！這就是大市風險。我們用「分倉」應對個股風險，用「輕倉」應對大市風險。

有了這個共識，討論什麼是股市可以期待的合理報酬就容易了嗎？答案很明顯，報酬一定圍繞著指數轉，指數可以認為是充分分散個股風險，一〇〇%資金入市後的股票平均報酬。如果你不分散風險，將本金全部投入一檔股票，那麼誰都不知道明天的股價是什麼，也就不存在合理或不合理的報酬，這是賭博，只能祝你好運。

若你是專業投資管理人，承擔著對投資人的責任，隨便將投資人的退休金給賭掉是萬萬不可！你必須用分倉的方法對付個股的風險。這一分倉，按數理統計原理，你的報酬就只可能圍著指數打轉，不可能離它太遠。美國的指數按統計，每年大約上升一〇%。我們可以認為，在充分分散風險的情況下，投資美國股市的合理報酬率應該是一〇%左右。

必須指出這一〇%只是美國的紀錄，別的國家可能不一樣。美國社會相當穩定，經濟成長和通貨膨脹都可以預測。有些國家的通貨膨脹每年就一〇〇%，其股票指數報酬數字和預期將完全不同。

在美國，有八〇％的基金管理人的成績都比不上指數，因為基金也很少一〇〇％入市，否則我們應該看到這個比例大約是五五分。依照美國證管會的規定，公共基金不可以將超過五％的資產投資單支股票，也就是說，公共基金最少要持股二十檔以上。按資產配置理論，這樣的配置已經可以達到「充分」分散個股風險的要求。

一旦充分分散了個股風險，投資的合理報酬預期將是股票指數報酬，但不表示投資人的實際報酬不可能超出這個數，這就要看投資人的功力了。我們知道股票有不同板塊，如電子股、金屬股等，它們可能在不同的頻率運動。個股的波動也都各有特色。如果投資人有能力識別升勢的股票或板塊跟進，離開跌勢的股票和板塊，他在實戰中選擇了指數裡的升股票，避開了跌股票，結果將獲得比指數更高的報酬。這說來容易，做起來難，華爾街能夠做到這些的專業投資管理人並不多。

在美國，最大眾的投資不是股票，而是銀行的儲蓄帳戶。現在，美國短期儲蓄的年利率不到一％，不過這是無風險報酬。想要有更高的報酬，就必須承擔更大的風險。選擇很多，包括債券、股票等，更高風險的還有期指、期貨、期權等，只要有人喜歡，華爾街可以創造出任何投機工具。債券、股票是投資選擇，其他的基本上都是投機玩具，非專業人士最好不要去碰。

作為投資決策人，面對這些選擇，如何取捨就進入下一個課題，也就是「善戰者無赫赫之功」。

第三節 善戰者無赫赫之功

先講我自己的故事。一九九二年，我開始在一家小證券行擔任股票經紀人。雖然那時我已有幾年的基金投資經驗，也完成了金融學業，可是在股票交易上仍是個新手。我邊做經紀人邊替自己炒股，有時太過專注，這一下竟發覺天都亮了。我找到了自己想終身從事的事業，我太喜歡交易了！

一分報酬，一分風險

作為科班體系出身，我一直受到傳統的金融理論影響，例如隨機漫步理論、充分市場理論等，我受到的教育是：市場是有效率的，所有的因素都已經反映在股價之中。倘若這些說法成立，個人炒股便無意義，去買指數基金就好了！可是現實生活中，就是有人年復一年地擊敗大市。

科班學習的模範是巴菲特，也就是那套價值分析、買了不賣的理論。我雖然經驗不足，但也可以感到這套理論很難實踐。大家都看價值分析，要去哪裡找那麼多便宜貨呢？憑什麼認為自己比別人更會分析？巴菲特的那套東西我試了很短時間就放棄了，開始廣泛讀書，研究那些前輩股市天才們的經驗。

我在大學的專業是工程，有著不錯的數學基礎，自然地，研究的目標便注重可以量化的方法。在經過一段時間研究之後，我為自己定位了一套操作法：賣空跨式組合期權（short straddle option）。這個方法主要是賺時間的錢而非股價的變動，報酬率相當可觀。我認為只要充分分散風險，就找到了現金流，可以靠它吃飯。我每個月很穩定地賺五至一〇％，心情十分愉快，目前已有一年多完美的紀錄，翻倍有餘。

時間到一九九三年底，我看到《華爾街日報》刊登公司聘雇有經驗交易員的徵人啟事。我的本金有限，也有心找一家公司將自己的操作規模做大一些，於是打了電話過去。負責人說，見面之前想請我先談談自己的做法，我將我的思路和成績做了介紹。聽完後他笑了，說我這種方法不成，這種方法可以連續三年都來個一〇〇％，但第四年會有一天連本帶利全部虧掉。因此，他們公司無法雇用我。

我聽了十分不以為然，認為這種方法以數學做基礎，充分分散了風險，並非憑空想像，而且有實戰紀錄為證。不願賺錢是你們自己的損失！然而，應徵這件事過了不到三個月，有兩天大市波動很大，我慌了，立即停損出局，但一年多的利潤不見了。當然，同時再見的還有我的第一個發財絕招，這個絕招在實施中充分分散了單個期權的風險，卻沒辦法避免大盤的風險！我跌了一跤才明白，風險錢沒那麼好賺，一分報酬對應著一分風險，這是我為自己上的風險第一課。

學會敬畏股市

再講個不久前的故事，二〇一三年十一月昌九生化連續一〇%跌停七天，以下是當時網路報導的片段：

「真的是妻離子散，一分錢都沒有了，我現在都想跳樓了。證券公司找我要錢，讓我賣房子還錢。可是我們家五口人，全都住在裡面，怎麼賣？」劉姓投資人向二十一世紀網哭訴。這名投資人投資四百多萬元，又融資買入兩百多萬元。

我是這樣評論的：「劉姓炒股人敢一手賭全部身家四百萬到一檔股票上，還融資兩百萬加碼，你認為他人可能是新手嗎？不可能。很有可能那四百萬身家都是股市賺來的。沒有對自己的炒股信心滿滿，沒有多年勝利的紀錄，怎麼敢這樣賭？我相信他周圍的人都把他當成股神。他倒下了，就像他的偶像李佛摩！劉先生這次不倒下，下次他會賭一千兩百萬；他遲早會倒下，直到學會敬畏股市。可惜從今天起，他大概不再有機會敬畏股市了。」

這則故事是不是很熟悉？寫這篇文章的時間是二〇一五年八月，有報導說，上個月中國股市消滅了三萬個五百萬人民幣股票戶口。以追求「赫赫之功」入市，一有風吹草動就哀鴻遍野。炒股沒有新鮮事，老故事總是不斷重複。

書的前面提到炒股這行的老大哥李佛摩，他提供的投資語錄看起來條條都醍醐灌頂！如何把小錢在短時間變成大錢的能力，很少有人超過他。以他的生平寫的《股票作手回憶錄》是炒股的首席經典，是每位炒股人的必讀。遺憾的是，如果人要蓋棺才能定論，李佛摩是個失敗者，他從股市賺了很多錢，最終都還給股市了，什麼也沒留下！那麼傳奇的一生，那麼樣的炒股天才，在高風險之下投機那麼地遊刃有餘。死的時候破產了，兩手空空，而且死於自殺。

從股市賺點錢不困難，只要碰到好勢頭，再狠狠賭上一把，還可能賺很多錢。但你想把錢留下來並不容易。以前狠上一把賺很多錢養成的習慣，會讓你在形勢不好的時候虧很多錢，常常到最後連本利都虧掉。類似的故事不斷重複。

從股市賺到錢並留下來的例子也很多，巴菲特是其中一位。他的傳記到處都是，算是成功的典型。大家是否曾去了解他在股市的報酬？雖然近十年來他的報酬落後於標準普爾指數，但是從一九六五年至二〇〇五年間，巴菲特的投資報酬率是二一・五％，差不多是同期指數的一倍，這讓他坐上全球投資管理人的第一把交椅，位列全球首富的第二名。

只有二一・五％，是不是讓很多投資人很失望？有多少人認為進了股市每年不翻上一倍不能稱為功勞？

說到這裡，這一章想傳遞的思路應該更清楚了。**因為股市的仗是打不完的，所以每個戰役的策略從一開始就不該試圖一戰完功，而應該遵循「結硬寨，打呆仗」的方式發揮自己的優勢，以最小的可能損失，一步步實現財務自由的策略目標。**

在股市，自己的優勢就是入市的勝率，只要你能獲得超過五〇％的勝率，在資產配置上別讓自己一敗而倒，那麼你的資產就會不斷增加。**在資本市場，複利是資產累積最強大的武器，只要你能夠做到，就會成為最終的勝利者。**

以破釜沉舟的方式進入股市固然很爽，但是股票市場的特性注定了你遲早會踩到地雷。踩雷不死的唯一方法，就是戰戰兢兢地小小入市，聚小錢為大錢，心態上必須不追求「赫赫之功」。

第四節
思路清晰，無怨無悔

以下再幫不同投資目的的投資人理一下思路。

如果你是想賭一把的投資人……

有些投資人進股市的目的就是賭一把，手邊就那麼點錢，也看不出上班拿份薪水繼續熬有什麼出頭日，但又不甘平凡，心想不拚一下如何翻身。我對此深有體會，我一開始的時候也是一樣的情況。

我學了不少金融，書本上的投資理論大都學過，但手邊只有幾萬塊錢，按這些理論進行的話，每年賺上一〇％，什麼時候才是財務自由之日？前面提到我第一個發財絕招「賣空跨式組合期權」的年預計報酬就超出一〇〇％，是極高風險的操作。

我專職炒股的前幾年基本上都是高風險操作，恰巧一九九〇年代末期是網路剛興起的年代，美國股市碰到幾年瘋狂的牛市。回頭想想，自己的運氣不錯。

如果你鐵了心，要擔大風險賭一賭，打算手邊那點錢虧光了，就當每星期少吃一碗牛肉麵。以下是三條日交易的注意事項，或許有助於提高成功率：

一、忘掉基本分析，完全用技術分析操作，記熟本書介紹的幾個圖。

二、做短線。看十分鐘或三十分鐘的K線圖，就算只有五分鐘也好。

三、定個停利或停損點百分比。例如虧五％就停損出場，但賺一五％也停利出場，短線交易不可以照搬「讓利潤奔跑」的教條。

更進一步，如果你什麼技巧都不想記，只想買一檔便宜股放個幾年碰運氣，這也是方法之一，但就沒什麼技巧可言了，這是用買彩券的方式賭股票。祝你好運，不過要有心理準備，買彩券的中獎率很低！

也許你真碰到好運，那三萬變成了三百萬，這時我要提醒你，不要像上述劉姓炒股人一樣繼續往下賭。拿出兩百五十萬做謹慎投資，每年一〇％也有二十五萬，夠一家四口吃飽喝足。窮人鬧革命情有可原，富了還鬧就是自己沒事找尷尬了。

如果你是想走專業道路的投資人……

本書主要是從個人交易角度談炒股，若從專業角度來說，知識廣度遠遠不夠。在股市，真正的成功者幾乎都受過全面專業的訓練。

巴菲特是哥倫比亞大學的經濟學碩士，索羅斯是倫敦經濟學院的經濟學學士，專業的基金經理和交易員大都學習金融或經濟學出身，也有不少出身工程學、數學或其他學科，他們後來一般都在金融科目下過苦功。

記得有人這樣談論拍電影：「大導演總會告訴你，他們之所以成功，主要是因為自己的哲學思想、自己對世界的深刻理解、自己的藝術感覺和宗教信仰等；他們不會告訴你，自己能拍出電影，首先是因為在電影學院接受了如何放置三腳架和如何設置光線的訓練，也不會告訴你各種鏡頭之間的差別有多大。對於他們那個層次的人而言，這些可能都太簡單了，可是絕大部分人一輩子都沒學會這些非常簡單的事情。」

如果你擁有交大的金融學位，或者有機會找到基金助理的職位開始學習，熬個幾年可能升為經理，這是一個很好的職涯發展。對絕大多數沒這個資歷的投資人來說，你花了好多年時間自學金融知識，花了好多年實戰股票的操作智慧，可能發現「缺少本金」這個橫桿就是跨不過去！

你還會被逼得不得不去賭股票。明知是個坑但不得不去跳，那種滋味實在不好。但這就是生活的現實。窮人家孩子的生活路條條都是艱難路，你唯一能夠做的，就是用一段時間拿出漂亮的成績單。投資是個講求成績的地方，你若能夠證明自己從股市盈利的能力，就不怕沒有人願意為你的能力投資。

專業基金管理人能夠獲得比指數高二%的成績就已經算很成功了。別忘了，在這些管理人之中，有八〇%的成績都比不上指數，能以超過指數二%的更是鳳毛麟角。一般來講，任何有能力在一定的時間裡證明自己有本事重複這個業績的人，會即刻被金融管理機構網羅。如果超過指數一〇%？那你就是下一個巴菲特。在美國，比指數平均高二%的只有一二%，你只要證明自己有本事能重複這個業績就是成功者。現在你明白了善戰者無赫赫之功的具體涵義了吧。

大家都知道，現在地球上收入最高的一群人就是這批基金管理人。專職炒股人的路漫長且布滿荊棘，看完《炒股的智慧》一書後想專職炒股的人很多，但我想對你們說，發財的路千千萬萬條，而炒股發財的路可能是最艱難的一條！除非你實在太迷戀交易，否則千萬不要嘗試。

如果你想投資股市，但虧不起……

這是股市的絕大多數人，想賭一把或想走專業道路的都是少數。你明白自己懂得不多，也不願大虧，那就記得不要賭大了！

錢都是自己的，也不多，你不該賭一把，但也不需要遵循專業投資原理，把錢分成二十份來分散風險；那太傷腦筋了！找上三到五檔股票，按這本書講的買賣原理操作，只要碰上一檔不錯的股票，報酬可能就不錯。更重要的是，自己從股市賺到了幾個零用錢，內心的滿足感將會是無與倫比。

除了內心的滿足感，我建議這類投資人應該將錢交給專家投資，例如投資合作基金。這就出現另一個問題：如何選擇投資管理人？這個行業靠業績說話，如果一位投資管理人能在一段時間內用低於指數的風險賺取超過指數的報酬，他就是高手。

遺憾的是，這類高手不易碰到。

這個行業的嘴上高手太多，說起一套又一套的大道理，但是大道理不會賺錢！讓他們把業績拿出來。

還要小心那些電腦高手，他們會用電腦模擬一套交易方法，告訴你十年前如果用這套方法炒股的話可以賺多少錢。你不在乎過去如何，只在乎未來會變得怎樣，這些電腦模擬統計過去表現得出類拔萃，預測未來卻往往慘不忍睹。別讓自己的血汗錢變成這些電腦程式的白老鼠。

還有，最好不要選那些靠參加炒股競賽優勝出身的管理人。參加炒股競賽出身的通常賭性太強，一不小心你的投資就被他賭不見了。當然，競賽出身的也可能管別人的錢時就變得很謹慎，但一樣要看業績來證明。

從指數也可以看出很多，例如指數升了一〇%、某某基金升了五〇%，那麼你就要小心了，別流口水！你要了解這五〇%是如何賺來的？是不是大風險賭出來的？基金管理人若是個賭徒，明年說不定虧上五〇%，問問自己虧得起嗎？不想懸念的話，最好投資指數型基金，你知道八〇%的基金管理人都拿不出更好的業績；一個外行人獲得比八〇%的專業經理人更好的投資結果，應該沒有什麼不滿的。當然，這樣做的負面結果是你會失去自己管錢所得到小賭怡情的樂趣，但是對很多人來說，時不時查查股價的牽掛，卻比從股市賺錢或虧錢來得重要！

總之，在股票這個戰場，仗是打不完的，而且什麼時候想開戰都有得打。面對這種戰場，不要一天到晚想打大仗、打殲滅戰，行險鬥狠，你就算連贏一百次，後面還有無窮盡的股戰等著你打，你若不幸被對方打了一場殲滅戰，就徹底完蛋了。

股市還有個特點，它不是零和遊戲，它隨經濟增長而增長。只要有足夠耐心、充分分散風險，只要在經濟蒸蒸日上的國家，長期跟隨股票大市一定有正數報酬，大家最後都可以成為勝利者！

第九章
和炒手們聊聊天

直到有一天，你已知道你爲什麼能賺錢，
你已有一套行動計畫去重複賺錢的經歷，
你也清楚爲什麼會虧錢，你已學會跌時停損，
虧錢不再成爲心理負擔，
因爲你知道虧掉的錢很快就能賺回來。
只要到了這個地步，你就知道自己能夠以炒股維生了。

我女兒常問我：「爸爸，你希望我長大後做什麼？」我的回答總是：「做什麼都可以，只要你喜歡。不過，我希望你能有不求人的一技之長。」

「不求人的一技之長」，任何三十五歲以上的人都會對這句話產生強烈的共鳴。求人難啊！就算你屁股上掛著一書包的「士」，求人給份工作也不容易。炒股就不求人；學炒股很不容易，但想想你辛苦過後有可能學到「不求人的一技之長」，你就能忍人所不能忍。

有讀者或許有問題：「囉囉唆唆講了十幾萬字，我是愈看愈糊塗。我明白，做到你書中講的一切應該能賺到錢，但若我都做到了，就成聖人了。我並不想做聖人，可不可以告訴我如何不做聖人也能從股市賺到錢？能講得簡單點嗎？」

這問題可真不容易回答。從歷史的角度來看，你需要耐心。計算二十世紀華爾街的平均數，股票平均每年上升一〇％。你若將風險分散，長期投資，報酬也大約會是一〇％。如果你有一筆可以長時間不動的資本，拿去買股票指數股（或基金），你應該可以期待一〇％的年報酬。不用動大腦，更不用做聖人。當然，一百年前紐約的咖啡一分錢一杯，如今是一塊錢一杯，你的實際購買力增加了多少就見仁見智。

日交易員盯的是每年三〇〇％、五〇〇％的報酬，基金經理人希望他的成績能夠超過指數，以低於指數風險取得超過指數報酬的成績。個人炒股希望抓到一匹大黑馬，睡上兩年醒來後成為千萬富翁。無論你是哪種操作者，目標都必須是「在正確的時間，做正確的事情」。雖然這在不同的目標下可能有差異，但總體來說，下面三點是想從股市賺錢所應當做的「正確的事」：

一、**掌握時機**：知道何時入市、何時旁觀，以及何時獲利、何時停損。

二、**金錢管理**：知道如何分散風險、何時多擔風險。無論如何都要盡力保本，本錢沒了，遊戲就結束了。

三、**情緒控制**：情緒控制在入市之前很容易，一旦下注了，情緒控制就困難了起來。一般的投資人是賺錢的股票坐不住，虧錢的股票走不了。你會例外嗎？該認賠了結的時候會遲疑嗎？

「掌握時機，金錢管理，情緒控制。」一共十二個字，背熟後照著做，容易吧？這本書要你做的就只有這些，你根本不需要是聖人。

花點時間做點功課，這十二個字不複雜，有些毅力和耐心就能做到，作為追求幸福生活的代價更是微不足道。偷雞還要蝕把米，你若那把米都捨不得，就請打消偷雞的念頭吧。我不知道要如何一點米都不蝕就能偷到雞。

以下看看我是如何學股的。

第一節

學股的四個階段

在我學股的過程中，我最希望知道的就是自己已經學到什麼地步，當我達到什麼地步的時候，才可以認為已經畢業。當然，畢業不表示已成為專家，但起碼表示我已擁有足夠的知識在這行生存。

就數學而言，小學的內容從加減開始，中學的內容包括幾何代數，你很清楚自己的數學知識已經達到幾年級的水準。

學股有沒有這樣的級別之分呢？答案是「有」。

我就以自己的學股歷程談談學股經過的階段，你可以參照我的描述，估計一下自己現在處於什麼階段。這些階段的劃分並不嚴格，很多時候是互相交錯的。如果人性共通的話，我學股的歷程應該和你十分相似。

一、蠻幹階段

第一階段可以稱為「蠻幹階段」。這個階段的特點是自己沒什麼主意，買股票時不知為何而買，賣時也不知為何而賣，買賣的決定完全由他人或自己的一時衝動左右。例如某某股評家推薦買這檔股票，他認為最少還會升十點等。賣時也沒有章法，覺得有錢賺就可以賣了，他在這個時期是絕不肯停損的。

我有位親戚從未炒過股票，有一天他聽說我賣了兩檔虧錢的股票，立即指出我的過錯：「虧錢的股票怎麼能賣？最少要等到升回有錢賺的時候才可以脫手。虧錢的股票快快賣掉，賺錢的股票不肯賣，要等到跌回虧錢後才賣，你如何能從股市賺到錢？」這段話大概說出了新投資人的心聲。

讀到這裡，讀者應該也能明白為何帶有這樣心態的投資人無法在股市不斷賺到錢。新投資人有兩個顯著的特點：（一）不貪；（二）不怕。

（一）不貪：只要有一點利潤就趕快賣股獲利。「我昨天用十元價進了五百股，今天升到十一元趕快賣掉，五百塊錢能買不少菜呢。」只要股價升到他們的買價之上，身上的每條神經都在喊「賣賣賣」，生怕明天跌回來如何是好？他們不貪，滿足於賺小錢。

（二）不怕：假如不幸十元一股進的股票跌到九元怎麼辦？答案是：「真倒楣，被套牢了，等到反彈再說。」「套牢了不怕，反正我也不急用，等就是了。」虧錢時他們不怕，他們絕不願虧小錢。令人遺憾的是，就我的觀察，八○％以上的投資人都無法從這個階段畢業。問問你自己有這樣的心態嗎？如果有，你學股的道路還很漫長。你還處在原始階段。

二、摸索階段

我自己在蠻幹階段大約待了半年，幸運的是，我居然在這個階段賺到了錢，使我對自己的悟性有了極大的信心。或許這就是初始者的好運。這段時間，我開始大量閱讀有關炒股的書籍。我知道這樣蠻幹是不對的，我開始試驗「截短虧損，讓利潤奔跑」。

首先我學習停損。我給自己訂個規矩，只要股票從我的買價下跌一美元就賣掉，以後這樣的損失累積成很大的數目，股票常常一碰我的停損價就反彈，我便傻乎乎地不斷停損，小損終於加成大損。我明白了一美元的停損不對，於是開始把停損點放大，由一美元加到一〇%，最後加到二〇%。這段時間持續了兩、三年，結果還是不行。例如，我將三十美元股票的停損點定在二十七美元，股票升到三十五美元，我就將停損點定在三十一．五美元。實驗的結果，我買賣的次數少了，但我常常是虧錢時在二十七美元賣股，賺錢時在三十一．五美元出場。這樣虧時虧三美元，賺時只有一．五美元，算算總帳，還是虧錢。

情況並不完全如此。當股價從三十美元跌到二十八美元時，我總是把停損點下移，有時移到二十六美元或二十五美元。我給自己定一〇%的停損，但實際的損失常超出一〇%的數目。我知道這樣做不對，但我忍不住，怕股價一碰到二十七美元就反彈。這樣的事情發生過很多次。當股票升時，我通常很容易在進價之上賣股。如三十五美元的股票跌到三十二美元，我不會將三十一．五美元的停損價往下移，因為我已有一．五美元的利潤。

最慘的是這段時間，我試過專用基本分析來炒股，研究股票的盈利及公司資產值，研究本益比，你想得到的指標我全試過，結果還是不賺錢。我試過用技術分析來炒股，找最低點和最高點，結果不斷以「停損」收場。

停損，停損，停損，我不斷停損，就是看不到盈利。停損把我停怕了。我還試過各種電腦的計算指標，如平均線、威廉指標、MACD等，沒有一樣有效，結果總是不斷地在停損。好不容易偶爾賺一次錢，也常因為停損點定得太低而沒賺多少。這段時間，我不僅將蠻幹階段幸運賺到的錢全賠了進去，還虧了一部分老本。也就是說，我不僅白做了三年，還虧了本。

別忘了，這段時間我是專職炒股，我把讀到的、想像到的各種炒股方式全試過，就是賺不到錢。我也將華爾街各種各樣的家訓讀到倒背如流，但現實中似乎完全無效。你可以想像我有多麼徬徨。

我對炒股失去了信心，決定在期貨上試試運氣，於是開始炒賣黃金、白銀、外幣、黃豆、石油、小麥。那些在炒股中學到的規矩似乎也完全無效。期貨的人為操縱更厲害，我只是虧錢虧得更快。這時我的大女兒出生了，我感覺身上的責任重大。我真正地開始考慮是不是該放棄了、該轉行了，如果付不起日後女兒上學的學費，我如何向她交代？

花了近四年的時間，什麼也沒得到，虧了老本，換來一大堆經驗。如果轉行另謀高就，這些經驗便一文不值，你可以想像我是多麼不甘心。期貨炒賣是極特殊的行業，它不注重基本面分析，你說日元或黃豆應訂什麼價？它極其注重技術分析，其中特別重要的是走勢和阻力線及支撐線的概念。

把這些概念放回股票，我突然感覺到股票運動其實有跡可循，甚至覺得有靈光在腦海中閃耀。

讓我先在這裡停一下，因為上述階段可以稱為「學股的摸索階段」。如果你還處在蠻幹階段，這本書講的一切可能對你太深，你還不怎麼明白我在講什麼。如果你正在摸索階段，就會開始了解這本書。

摸索階段的特點是，你已多多少少明白炒股的行規。你知道要停損，要讓利潤奔跑，但還不清楚應如何停損。你用一〇%或二〇%等機械的方法定停損點，有時能辨到，有時又想辦法不去停損。讓利潤奔跑時，你不知道應該讓它跑多遠，不知如何判定獲利點。

各種各樣炒股的規則有時有效、有時無效，你還不知如何應用它們。

看到蠻幹的炒手，你知道他們在蠻幹，也知道不能這樣做。你自己有時賺到錢、有時虧了錢，但不明白為何虧錢，也不清楚如何賺到錢。你還沒有系統的買點和賣點，這支股的本益比很低了，那支股的紅利比較高，張證券行推薦這支股，李股評人看好那支股，你還在用自己的直覺加上「應該不會錯」的理由來買賣股票。這些描述適合你嗎？

如果正確的話，那麼你還在摸索階段。

三、體驗風險階段

摸索階段的下一步是體驗風險階段。有時這兩個階段是同時進行的。遺憾的是，體驗風險階段的你常要虧大錢，不虧上一、兩次大錢，你不會明白什麼叫風險，也還不可能畢業。只有在虧錢虧得吃不下、睡不著的時候，你才會真正反思炒股為什麼會有這些行規，也就是在這個時候，行規的意思變得很清楚。有了這個經歷，再去讀讀第三章第二節的「如何在股市下注？下多少注？」，你就明白我在說什麼了。

我每次賺了大錢，隨即常來一次虧大錢，因為每一次賺了大錢，都讓我覺得自己「懂了」。這樣的經歷重複了好多次。這或許就如同游泳一樣，那些不幸罹難的都是「自己覺得」會游泳的人。知道自己不會游泳或真正知道怎樣游泳的人，通常不會淹死。

如果虧大錢的經歷發生在你的蠻幹階段，我對你深表同情；但如果你確確實實有了幾年的炒股經驗，對研究股票及其運動規律下過苦功，這時虧大錢常常是你大成之前的最後考驗，請千萬不要放棄！那些著名的炒股名家在成「家」之前，通常都有一次或甚至幾次的破產經歷，其中包括本書提到李佛摩和巴魯克。

在忍無可忍的時候，請再忍一忍。

回到我的故事。我炒股的最大挫折，就發生在「有靈光在我腦海閃耀」之後。有四年多的時間，股市對我而言成了「沒錢人學到很多經驗」的地方，我不知有多想快快撈上一筆。

有整整兩個星期，我虧掉了五萬三千美元。真正的挫折不在於虧掉的數目，而在於這次虧錢完全不應該。按我的規則，我只會虧掉四千美元左右，那是我停損的極限。但我的注下得太大，又不肯及時停損，於是犯了不該犯的錯。我用希望取代了分析，自以為懂股票了，其實還不全懂。

隨後一個月，我開始整理自己的思路，總結五年來的經驗及教訓，綜合我這些年來的廣泛閱讀，結果就是這本書所說的一切。有兩年期間，我完全按照本書所說的原理照辦，每年的報酬率都超過一〇〇%，但要特別說明的是，這樣的報酬是在極小的風險下取得，日後是否還能持續這樣的報酬，我不知道，只知道我已訂出了可行的炒股計畫，只要按照這個計畫做，我久賭必贏。差別只在於贏多贏少，那跟運氣有點關係。

四、久賭必贏階段

現在我們談談炒股的最後階段：久賭必贏階段。

一個可行的計畫不能憑空想像，它必須有理有據。「理」就是數學的機率，如果你每次下注的贏面超過五〇%，而且你只下本金的小部分，不會為幾次壞運氣就剃光頭，從長期而言你是贏定了，道理和開賭場一樣。

「據」就在於你知道怎樣找臨界點，在長期的觀察和實踐過程中，你知道這些點是出入場的關鍵點，在這些點操作，你的贏面超出五〇％，再加上應用「截短虧損，讓利潤奔跑」的原則，贏時贏大的，虧時虧小的，你的獲勝機率其實遠遠超出五〇％。

到久賭必贏階段，你不應對虧錢和賺錢有任何情緒上的波動。你對停損不再痛苦，明白這是遊戲的一部分，對賺錢也不再喜悅，知道這是必然的結果。你不再將勝負放在心上，只注重在正確的時間，做正確的事情。你知道利潤會隨之而來。

有些人認為股票的運動是可以預知的，有些人又說不可以預知。這兩點都不對，股票遊戲是機率的遊戲，沒有一〇〇％這回事。只有隨著經驗增加，才可能將預測股票運動的正確率從五〇％提高到六〇％、七〇％。就算你能有七〇％的正確率，若不遵循「截短虧損，讓利潤奔跑」的原則，到頭來可能還是白忙一場。

已經到這個地步，你不再執著於本益比或紅利之類死的東西，你在用機率考慮問題。股票的大市如何？如果大市好，你的獲勝機率增加了。股票的本益比或紅利如何？如果有吸引力的話，你的獲勝機率增加了。這檔股票本身的走勢如何？如果正處在升勢，你的獲勝機率增加了。這檔股票的運動用你的經驗判定是否正常？是的話，你的獲勝機率增加了。還有其他許多考慮的因素，你都試著用機率來評估它們的功用。

你知道股票運動在短期必受大戶的影響。某著名股評人極力推薦某支股，你可以看看這支股票的技術圖形，如果股票剛突破好的買入臨界點，在此之前有被人暗中囤積的跡象，你可以懷疑該股評人可能和某大戶聯手，想推高股價。但現在只是推高的開始，你買入應還有段升高的路好走，獲勝機率較大。如果這檔股票已暴升很多，股評人還來這一手，那麼大概就是在找最後的傻瓜，你在此時買股就沒什麼贏面。同樣的「好消息」，你已知道怎樣分析及判斷，就不再迷信「權威」。

這時候你已明白為什麼你能賺到錢，已有一套行動計畫重複賺錢的經歷，也清楚為什麼會虧錢。你已學會跌時停損，虧錢不再成為心理負擔，因為你知道虧掉的錢很快就能賺回來。到了這個地步，你知道你已能夠以炒股維生了，會不會就此發大財，那要看運氣，第七章〈抓住大機會〉講述了這樣的機會及如何抓住它。

這樣的機會可遇不可求，結果只能由上帝決定。祝你好運，也希望你祝我好運。

炒股的知識是否到此為止？答案自然是「否」。炒家李佛摩說他炒股四十年，每天都能從股市學到新東西。華爾街有個說法：**「如果你能在股市熬十年，應該能不斷賺到錢；如果熬了二十年，你的經驗將極有借鑑的價值；如果熬了三十年，那麼你退休時一定會是非常富有的人。」**每個循環，炒股人的規則還是那些，但你對這些規則會有更深刻的體會。你會找到更多的例外，區分在不同的環境怎樣實施不同的規則。

我粗略地將學股分成蠻幹階段、摸索階段、體驗風險階段和久賭必贏階段。不算我業餘炒股的經驗，這四個階段一共花了我近六年的時間。我研究過很多炒家的傳記，他們的描述各有不同，但經歷極為相似。久賭必贏的階段是學炒股的里程碑，到了這個階段，你就能在這行待下去，等待大機會。運氣好的話，被你抓到幾個大機會，你便從炒手升格為炒家。

你可以就我的描述估計一下自己現在處於什麼階段，還要多久才能畢業。如果你有一定的悟性及對人性的認識，克服人性中的弱點不需要花很多時間，因為你很清楚什麼是需要做到的，你只要盡力照做就可以了。最花時間的是如何學著找臨界點。每個人對風險的承受力都不一樣，找到的臨界點也不一樣，必須綜合考慮股價、交易量、走勢、新聞、大市、公司盈利、產品等因素。

我希望我能更詳細地解釋如何尋找臨界點以及如何在臨界點附近操作，但這實在是一門藝術，只可意會，難以言傳，而且沒有放諸四海人人都適合的做法。我給你指了方向，你可以就這個方向摸著石頭過河。**尋找臨界點沒有捷徑，只有實驗、失敗、再實驗，無數次地循環往復**。直到有一天，你能憑直覺抓住臨界點，憑直覺運用本書所講的所有規則，不再懷疑有無違反這、違反那，你就從有招的新手升級成無招的高手。

第二節

回答幾個問題

在結束之前，讓我回答幾個讀者的問題。

問：你為何會想寫這本書？

答：一九九八年二月我回老家中國福州。八年沒回去了，老家變了樣！我親眼目睹了中國的炒股熱，遺憾的是，我見到的投資人幾乎全在蠻幹。這時我就想，如果我能將自己的經驗寫出來，會不會受到這些投資人的歡迎？我的一些好友及家人也鼓勵我總結這些經驗。

問：我讀到很多炒股書都將攤平法當成「解套」良方，但你極力反對，到底是誰錯？

答：我一直強調，炒股沒有絕對的對或錯，但就這點，我可有以下兩個說法：

一、這些書的作者大概自己都沒怎麼炒過股，他們可能靠教別人炒股維生，不可能自己靠炒股維生。

二、他們可能在抄來抄去的時候抄錯了，把基金錯抄成股票。基金雖然是用來買股票，但通常都是買很多種股票，分散了風險，由此，基金基本上跟著大市起落。而股市是整個國民經濟的晴雨表，只要國家沒有政治和經濟的動盪，它的大趨勢肯定向上。如果你是購買基金，就不需要去選什麼進出點，只要準備長期持有，在這種情況下適用攤平法。

個別股票的起伏是很大的，你敢向下攤平，那是因為你沒有死過。給我印象很深的是交大的前輩校友王安博士。我讀大學時，王安電腦在美國風生水起，大有取代IBM的架式。我們都為有這樣一位學長為榮。按今天的話說，王安電腦是當年的「績優股」、「強勢股」，曾幾何時，今天已關門大吉！今天王安電腦還在美國掛牌，但此王安已非彼王安，它的招牌被人拿來掛羊頭賣狗肉。你若不幸在王安電腦強勢時入股，下跌時去用攤平法解套，到今天你一定還死得直直的。

當然，具體情形有很多例外，但作為一個投資策略，向下攤平是不成的。

問：你有沒有自己的電腦指示？像是什麼線穿過什麼線可以買賣等……保證能賺到錢的電腦指示？

答：第一，我沒有。第二，它不存在。第三，如果有的話，我也不告訴你，這麼容易賺錢的方法我會留著自己用。

問：你把炒股當成賭博、買股稱為下注，你能解釋一下炒股和賭錢的區別嗎？

答：任何有輸的可能行為都是賭。把錢存在銀行不是賭，因為一定有利息。但炒股就是賭錢，這兩者沒有區別。如果你買股後的持有期很長，而且風險分散得很開，把它當做基金一樣操作，這時賭的成分就低多了。因為只要國家穩定、不斷地大興建設、經濟總是向前發展，股票大市長久而言一定上升。美國近六十年統計出來，股票大市平均每年上升近一一％，高於銀行存款利息。但如果你想從股市獲得很大的報酬，就必須擔大的風險，風險愈大，賭性愈強。

問：你的炒股經驗是基於在美國的經驗，這些經驗適合中國嗎？你是否知道中國的股市被人為操縱得很厲害？

答：我知道中國的股市有人為操縱的因素，你可以將中國二字換成香港或印度、法國、馬來西亞，同樣也可以換成美國，所有的股市或多或少都受到大戶的操縱。

如果你的資本額多，你的買賣自然影響股票的價格，別人也會說你在操縱股市。如果你認為美國人都是善男信女，大家都按本益比的高低買股票，那你就太天真了。這本書的原理適合任何股市，適合期貨市場。很多道理我就是在炒期貨中領悟到的。這個世界受到操縱最嚴重的市場是期貨市場，而非股票市場。

任何股票都有不少長期持股者。期貨合約有九八％都握在短期炒手的手中。普通老百姓放三％的訂金買十萬噸黃豆做什麼？吃不完，也找不到地方放，他們的目的完全是「炒作」。將自己炒股失敗歸咎於股市受到操縱，這是失敗者為自己找的藉口。

問：你認為影響股價的最重要因素是什麼？

答：盈利及對未來盈利的預期。買公司的股票，你就成為公司的股東，你不會長期將錢放在沒有希望的公司，別人也一樣。

問：我想學股但怕虧錢，能否先在紙上學交易，等到真正能賺錢後才用真錢入市？

答：想法很好，但實際中行不通，因為不把錢投入，你不會經歷恐懼、貪婪、希望等心理過程。你在浪費時間。

夾著尾巴炒股

最後，讓我再講個小故事。

一九八一年我在上海交大讀三年級，其中有門課是「電工學」，內容無非是電子訊號的傳播、放大等。最後一堂課，老師說他今天不談電工，而是要談「夾著尾巴做人」，並說我們日後進入社會將會用得上。

我當時年紀還不滿二十歲，對於什麼叫「夾著尾巴做人」並不了解，就聽好玩也沒放在心上。大學畢業眨眼數十年了，電工學的所有內容都已經還給老師，唯一記得的就是「夾著尾巴做人」。隨著時間推移，這幾個字愈顯出其價值。活到今天這把年紀，夜深人靜時常會這樣想：「如果某某時候我夾了一下尾巴，今天也許就不用搞到要靠炒股維生吧！」

讀者不要以為我在說笑，為了學習炒股付出多少代價，只有自己最清楚。當然，人生禍福相倚。對我來說，炒股應是福不是禍。而且如果人生能夠重新選擇，我還是會以炒股維生。能熬出來的話，這真是無與倫比的行業！賭能包贏，天下第一營生。

我無法得知讀者從這本書學得到多少炒股的本領，但如果能記得「夾著尾巴做人」這一條，就算沒白讀這本書了。將這一點引用到炒股中，我把它作為對讀者的最後忠告——「夾著尾巴炒股！」

第三節
如果從今天重新開始

這本書再版多次了，每次都會添加一些新體驗。寫這一節的時間是二〇一八年，離我專職炒股已經超過四分之一個世紀。這些年來不斷有投資人問我，如果可以重新開始學股，我會怎麼辦？該讀什麼書？有什麼特別的經驗教訓？四分之一個世紀做同樣一件事，當然會有無數的經驗教訓。如果說投機像山岳一樣恆久，今天發生的事情昨天都曾發生過，日後也還會不斷發生，那麼我的經歷都是在重複前人的足跡，今天的我甚至在重複昨天的我。等到你在這個行業也待了這麼久，我想你的體驗應該會很類似。確實，華爾街沒有新鮮事，如果理解的層次更高了，語言就還是那些。我無法將全書重述一遍，就先聊聊印象最深刻的教訓。

三個教訓

第一個教訓是別急著發財。這個行業給人的幻覺就是發財容易。報刊網路常常會讀到快速發財的故事，確實，有時你也會碰到短時間賺很多錢的機會，問題是，在股市虧很多錢的機會和賺很多錢的機會是均等的。賺很多錢時鼓起的狠勁，通常會在下一個波浪讓你虧很多錢。在股市可以簡簡單單敲個鍵就賭上全部身家，誘惑力實在很大，也很容易令人瘋狂，但你必須控制這個欲望。沒能過這個關，你仍是股市賭徒，而賭徒大多數的結果都不怎麼樣。克服快速發財的心態需要很長時間，愈早克服愈好。回首往事，自己每次摔大跤時，都找了這樣那樣的藉口，但真正的原因其實是發財的心太躁進。

第二個教訓是要以博弈的心態來看待股價。剛開始我和大家一樣，都是用價值分析的方法來研究股票，得出某個股票值不值得買賣的結論，而大多數學術出身的都是走這條路。問題是，價值分析無法告訴你股票是否會升，很多時候，便宜的股票往往變得更便宜。對一般投資人來說，升的股票就有投資價值，跌的股票就沒有投資價值，這和價值分析產生矛盾。按照價值分析理論，股票愈跌，其投資價值就愈高。這個矛盾無解。我現在採用的方法是借鑑價值分析的資料，但用技術分析來判斷市場是否認同。一旦開始使用技術分析，就會引進藝術思維，這時心態就不一樣了。你不僅參考了冷冰冰的數字，還試圖猜測市場上交易對手的心理——如果對手是大戶的話會怎麼玩小動作。這種心態的改變愈早愈好。

每個投資者要常常提醒自己：每次買的股票都是別人賣給你的，要尊敬對手。

第三個教訓是順勢而行。年輕時，我曾認為自己的雙手能夠改變世界，但到了一定年紀就產生無力感，明白自己太渺小，通常是什麼都改變不了。剛進股市時學這學那，或者價值分析、技術分析，總想依自己的分析塑造明天的股價，遺憾的是，股價總是不聽話。

喜歡進股市的人通常個性很獨立、智力很好，對自己的眼光和判斷充滿信心；顯然，沒有這種自信心，在任何行業都不會有成功的希望。但這個自信心在股市會碰到一個問題：如果股票的運動和預判的情形不符合時怎麼辦？要相信自己還是相信股價？從相信自己改變到相信股價的過程並不平坦，這個關卡也是一定要過的。

倘若今天可以重來，我會早早對自己說：既然股價總是不聽我的，那我聽你的總可以吧？你不肯跟我走，我就跟你走！

以上三點都和心理狀態有關，我覺得自己花了特別長的時間才調適好。過程是漸進的，從喜到痛到慢慢麻木到沒感覺，每一步都不容易。如果投資人想快速發財，加上對自己的判斷極有信心，那基本上就是災難的開始，這時請特別留意。

關於閱讀

再來講講讀書。我如果現在讀書，會讀什麼呢？想增加對股市的認知，實際操盤交易和讀書是相互進行的，一方面拿錢入市實踐，另一方面埋首讀書，從前人的經驗中學習，少走彎路。能夠站在巨人肩膀上，學習起來便容易多了。

首先，我會了解股票的基本知識，例如股票是怎麼來的。透過了解歷史，能夠明白股票在現代社會起了什麼功用、現代社會的企業是如何運作的，以及還需要了解股票的交易是如何完成的。我會讀幾本股市基本知識的介紹，例如股票如何上市、條件為何、企業如何報導財務等。

接著，我會試圖了解現行的股票價值研究體系，即所謂的價值分析。這方面的書很多，我會找簡單的來看，像是什麼是本益比、什麼是固定資產等。這些知識都是死的，也就是巴菲特常常宣揚的東西，同時也是學校教的內容。前面提到，很多金融學教授在股市賺不到錢，所以我不會迷信這些知識，但會努力了解它。

股市有時會有特別機會，簡單的例子就是如果公司的本益比只有三，沒有負債，生意可以持續，這意謂著三年就可以賺回整間公司。買進股票坐等幾年，幾乎一定有錢賺，這就是價值分析提供的指導意義。一旦你了解現行價值體系，會發現價格和價值體系評估有很大偏差，這時你就得到小風險搏大回報的投資機會。

把「價值分析」這一套完全放進股市常常會讓人困惑，因為股價往往偏離價值分析的光譜，股價似乎也不完全按照價值分析的一套運動。我們可以確定的是，買股人多了，股價就會升，賣股人多了，股價就會跌。那麼，我們可以觀察其他人買賣股票的情況來決定自己是否跟進嗎?這裡我們進入了「技術分析」。我會讀有關技術分析的書，股票的「技術分析」就是看圖；股票的圖形都是錢堆出來的，錢不會撒謊。看圖有看均線、看形態，「技術分析」是炒股的另一學派。但我也會找簡單的內容看，並提醒自己炒股是藝術不是科學，不管是研究數字還是圖像，都不要過分解讀。

只要過了「價值分析」和「技術分析」這關，單獨股票的分析操作就基本過關，投資人便具備足夠的知識獨立操作了。

下一步進入的領域是如何透過投資組合來控制風險。如果投資人投入三、五萬元進股市玩玩，基本上不需要考慮資產組合的問題。資產數額大了，就不好瞎搞。對專業資金管理人來說，賺錢慢些可以，虧錢就不好玩了，因此研習資產配置的理論必不可少。如何透過調節投資的風險來調整投資的期待報酬，這算是相當高層次的知識，沒有長時間的努力不為功。

再進一步就是學習「期權」方面的知識，這也是金融市場的組成部分。期權的設置是試圖降低股票的風險，但它本身是風險極高的產品。作為知識的了解是有必要，但我不建議一般投資人嘗試。

股票的運動並不遵循物理學規律，大眾心理才是推動股價的主要動力，因此研究大眾心理是想成為行家的必備武器。這方面的能力最好借鑑炒股前輩的經驗，其中李佛摩的《股票作手回憶錄》是每位投資人都應該熟讀的炒股經典。

不斷地有投資人讀完這本書後也想專職炒股，便問我有何建議，我的回答通常是反對。喜歡錢的人很多，喜歡風險的人其實很少，而想在這行成功就必須喜歡承擔風險，但新手們常常不清楚喜歡錢和喜歡風險是兩回事。如果只喜歡錢，在這一行是待不下去的，隨便入行幾年，時間一下子就過了，很可能一事無成。換個方式問問自己，喜歡獨自創業嗎？沒有喜歡獨自創業的心性，專職炒股這份工作大概就不適合。至於在股市小賭怡情，就屬於另一個話題了。

在這個行業的時間愈久，就愈能體會到這個行業其實很死板。股票代表的公司從生產輪船到火車到汽車到電腦到手機不斷地變化，股票本身的特性卻還是老樣子，除了「漲」就是「跌」，一定要加個「不動」的話也可以，沒出過新花樣。但如果你喜歡風險，那麼這真是個魅力無窮的地方。

後記
金錢的反思

這是本教人賺錢的書。然而什麼是金錢？人應該怎樣看待金錢？這可是一門大學問。取得金錢只表示財務上的成功，而財務成功只是成功人生的一部分。人生活在這世上，追求的應該是成功的人生。

成功的人生並不僅僅是取得財富，它是一種心態，在這個心態中你覺得安詳、寧靜、滿足。如果能每日都保有這樣的心態，它的累積就延續為成功的人生。沒有人反對取得金錢，沒錢的話吃什麼？錢本身並沒有善惡，問題是當金錢累積到一定地步，常常為你的生活帶來意想不到的困惑。

首先，**鉅額的財富破壞了人與人之間的正常關係**。你懷疑每位和你接觸的人都在打你的主意。就如英國十九世紀的銀行家梅耶・羅斯柴爾德（Mayer Amschel Rothschild）所言：

「我沒有朋友，只有客戶，財富將你和你的周圍築起了一道高高的圍牆。你走到任何地方，人們都期待你慷慨解囊，無論你給多少，身後都是『這麼小氣』的抱怨聲。」

鉅額的財富又常常是家庭問題的源泉。中國俗諺說：「有錢人家多敗子。」家庭的財富常使子女失去追求上進的動力，以致出現「我為什麼要學一技之長」、「一技之長能賺多少錢」的疑問，結果是，有錢人家的子女成為漫無目的的紈袴子弟，沒有賺錢的本事，眼睛就盯著家裡那幾個子，到一定時候為家產兄弟反目、父子失和。

這類「豪門恩怨」比比皆是，而且這其中很多根本就不是豪門，只不過有幾塊銅板罷了；或者是貧窮的家庭，相濡以沫。一旦有了幾個錢，就開始談享受，開始問「你應該為我做什麼」，而不是尋思「我能為你做什麼」，家庭有可能崩潰。這正是所謂的「共患難易，共享樂難」。

同樣的故事重複了幾千年。我不是要你別去賺，我想說的是，**追求超越你本身的需求多太多的金錢沒有意義**。**為了達到這個目的，你將失去太多，而且你將為此困惑**。希臘神話點石成金的麥達斯（Midas）國王終於學到了點金術，他的手所碰到的一切都變成了黃金，但最終他的女兒也成了黃金。以致富的心態進入股市，往往成為成功的障礙！**在炒股這一行的成功心態，就是在正確的時間做正確的事，其他的想法或做法都會讓操作變了樣**。

我曾看過年收入兩萬美元的人感嘆錢用不完，也見到年收入百萬美元的人說錢不夠用！你說錢用不完的人富有，還是錢不夠用的人富有？誰在生活中感覺更寧靜和安詳？

這完全看你如何選擇和安排自己的生活。永遠不要嘗試去過超出本身經濟能力的生活方式，否則你將為此受到羞辱。

記得我母親常告誡我：「**人的福氣最多就是裝滿一馬車，小時候多吃些苦，福氣就留到晚年；小時候把福氣享受完了，老年時就沒有了。**」我以前不明白這些話，然而隨著年齡增長，感悟愈來愈多。人如果知福惜福，沒有非分之想，福氣自然會伴隨你。一旦你對生活充滿非分之想，就開始預支未來的福分，等你發現福氣用完的時候，後悔就遲了。

財富和名譽都不等同於成功，它只能算成功的結果之一。

成功不是達到目的，而應該是達到這一目的的過程。成功的生命若是由成功的秒、分、時、日所組成，它的不斷延續就是成功的人生。快樂的每個小時，快樂的每一天，快樂的每個月，每個快樂的時刻，你的心中都充滿寧靜、祥和。

中國傳統的宿命論說：「人的一生中，吃多少、用多少都是天注定。」我不完全同意，否則人還要工作幹什麼？我相信富豪是天定的，但如果哪個人說只要努力就能成為億萬富翁，就是不實際。

我們有幸生活在和平的年代，沒有戰爭，沒有動亂，只要雙手勤快，總能有口飯吃。炒股也是一行，有了炒股一技之長，通常不需要為一般的生活發愁。但若你認為炒股一定能成為富豪，也不切實際。或許你會比其他產業的工作者更富有，但成為富豪在天不在人。

金錢能引出人類善良的一面，如武訓的籌資辦學，但金錢更經常暴露人性的醜惡面。聽說過「無奸不成商」這句成語嗎？其間的區別常是對自身缺乏了解及對人生意義的茫然。

強烈的致富欲望會驅使你學習炒股及在股市賺錢，但這往往使你忽視了風險，而最終結果可能是負面的。對名譽的強烈追求往往也是缺乏自尊心的表現，因為缺乏自尊心，所以特別追求虛榮心。**對金錢和名譽過於強烈追求，都將使你失去內心的安寧與平靜，在股市的直接反映就是試圖快速發財，而快速發財的想法在這行是相當致命的**。儒家對安身立命的信條稱為「中庸」。無論是炒股或做人，順自然，戒貪婪，多給自己一些時間，不要太急於成功，平衡自己的身心，別放縱自己，給自己訂些規矩且不逾矩。

我不僅希望你炒股成功，更希望你擁有成功的人生。「君子好財，取之有道。」不擇手段求財，必然破壞你內心的安詳與寧靜。金錢這東西生不帶來、死不帶去，人生匆匆幾十年，何苦呢？

想通這一點，你會發現生活多了很多樂趣。**人有很多缺點，其中最致命的就是「貪」**。**當貪念太強時，你的為人、做事、炒股全走了樣**。希望讀者能時而抽空反思一下金錢與生命的相互意義，這將對你炒股成功有幫助，**清靜平和的心境是炒股成功的根本**。

最後，祝大家好運！

初版推薦文一

亂世動盪中，亟需擁有的炒股智慧

阮慕驊（財經專家）

二〇一五年台股跌掉近千點，投資人損失慘重，股市是零和遊戲，有人賠就有人賺，賺賠只在一念之間、一瞬間！這個道理再簡單不過了，不過讀者們可以思考，如果您是股市常敗軍，可以思考一下，在您做出每個買進與賣出的決策時，自己是不是有錯誤的慣性邏輯，以致造成這樣的結果。

我觀察到，投資人十有九輸，真正能從股市套錢出場的僅是少數人，而這些少數人必有其操作邏輯和法則，大多數人在股市之中充其量只不過是隨勢浮沉、賺賺賠賠而已。

《炒股的智慧》作者陳江挺先生提供了許多股市操作經驗和法則，可為讀者重新思考自身的操作策略並與之對照，江挺兄是股市操作的成功者，若讀者在股海之中抓不到方向，參考成功的經驗法則不失為好的方法。

我對江挺兄在書中所提的一些股市操作邏輯特別有感，在此提出分享。首先，書中明確指出「炒股不是科學，是藝術」。的確，科學講的是可重複性的規律，但股市永遠沒有一定的規律，所以我特別要警惕投資人的是，千萬不要對股票的變化預設立場，因為「股市唯一不變的就是一直在變」。

此外，江挺兄特別提到股票操作要有一定的紀律，例如停利停損、每手本金比例及只買進多頭架構的股票等，這些我都非常認同。股市沒有規律，但投資人要守紀律。如果說股市裡有金科玉律，那麼「操作的紀律」就是其一吧！我聽過太多賠錢的故事都是違反了紀律和原則，也看過很多賺錢的例子是遵循紀律和原則。

股市浮沉，要能做到江挺兄書中所言的「敗而不倒，追求卓越」，必定要有堅毅的人格特質，通常這種賠大錢尚可大笑的人，才能在股市之中賺取大財富。但多數投資人是虧了錢就怨天尤人，「性格決定命運」，股市之中要有特殊的人格特質，敢於人之所不敢，斷於人之所不斷，才是贏家的特質。

依我的經驗而言，股市致勝的邏輯是「要於不疑處有疑」，並且常問「為什麼」。股市的變動必有其前兆，但往往被人所忽略，所以股市需處處存疑且時時發問。市場的任何消息和波動都要問為什麼，以及這些現象代表什麼意義，不要過度樂觀也不要過度悲觀，不要預設立場，需要謀定後動，並設想各種可能情況發生時，手中持股和資金要如何應對。

股票套牢不可怕，可怕的是不知如何應變！賠錢不可怕，可怕的是心灰意懶無力再戰。股市贏家不見得有好的學歷，但多數有豐富的人生經驗和清晰的頭腦，臨危不亂。

二〇一六年的全球股市充滿了變數，各種黑天鵝可能伺機而出，開年股市大跌即是二〇〇〇年來最差的格局，中國大陸的股匯雙崩、美國的升息、歐日的經濟困局與原物料的崩跌，在在都考驗著投資人，尤其台灣面臨政局的大變動，以及產業結構和經濟發展的瓶頸，台股的波動和風險應該是極大的。此時此刻，遠流出版了《炒股的智慧》這本書，在新的一年開始提供股民思考空間，是讀者的福音。

初版推薦文二

善炒股者集小贏爲大贏

張智超（創富創投董事長）

我靠炒股維生。

作者陳江挺在本書《炒股的智慧》一開始就直接破題，也許看來輕鬆寫意，但當您將整本書徹頭徹尾讀完一遍後，應該會大嘆一口氣，沒想到炒股維生竟是如此困難啊！

恰好我也是一位以交易維生的操盤手，多年的專業操盤人經驗，讓我一拿到此書時竟無法放下，一口氣拜讀完畢，內容實在太精彩。某些橋段，我如同身歷其境，有時心驚膽戰，有時豁然開朗，最後總是受益良多。

要成為一位成功的金融操盤人，也就是本書所說的「炒股專家」，除了需要具備股票分析的基本知識，還需要深入了解金融商品價格變動的原因、買賣的時機、應該投入的金額、何時應該停損……。在學會上述知識與原理後，很抱歉，您只是取得了炒股的一張門票，真正的拚搏還未開始。

如同作者提到學股需要經過四個階段：

一、蠻幹階段。

二、摸索階段。

三、體驗風險階段。

四、久賭必贏階段。

爾後還是需要不斷的試煉與學習，投資所需要面臨的挫折與挑戰永不停止，這是一場漫長的自我挑戰。

專業操盤人就像職業賭客，我們的輸贏取決於兩件事。首先是每次下注的勝率，再來就是下注的金額，這兩件事息息相關。勝率大時，下注金額必須放大；反之，我們必須小心的試單。

金融市場操盤人必須認清一個殘酷的事實：市場沒有交易聖杯，只有完美的交易策略，才可以在市場上持續大賺小賠，累積財富。而勝率取決於兩件事，即標的物本身的價值與進場的時機點。本書作者提出了「臨界點」操作，並建議了移動停利停損點，這方法可以有效降低人性的弱點，並進一步限制虧損的幅度。如果讀者能再利用全方位思考提升交易勝率，並且把「資金管理」做好，那提升操盤功力便指日可待了。

本書第八章〈善戰者無赫赫之功〉特別討論了風險管理，我建議每位讀者一定要放慢腳步仔細閱讀此章並細細思量。我個人相當推崇作者的想法，作者提及的「善戰者無赫赫之功」以及曾國藩的事蹟，實在是深得我心，正所謂善戰者集小勝為大勝，善炒股者集小贏為大贏，日進有功，穩定獲利才是王道，炒股之路才能走得穩健長久。

炒股這件事可說是對一個人的最大考驗，在它面前，我們都會原形畢露，不貪婪、不害怕，絕對是天方夜譚，每天都要接受新的變化與挑戰，明天和今天絕對不一樣，隨時都要準備突發狀況。虧損、沮喪、絕望都是家常便飯，但我還是熱愛這樣一個具有豐富挑戰性的事業，引用作者書中所述：「如果人生能夠重新選擇的話，我還是會選擇炒股維生。」

很榮幸能向您推薦《炒股的智慧》這本書，反覆閱讀、體會再三後，必定能讓您在炒股這條路上更有方法、更具信心。

實戰智慧館 462

炒股的智慧

教你持續、長期、穩定買股，讓錢自然流進來

作　　者——陳江挺

副主編——陳懿文
校對協力——呂佳真
封面設計——萬勝安
行銷企劃——盧珮如
出版一部總編輯暨總監——王明雪

發 行 人——王榮文
出版發行——遠流出版事業股份有限公司
104005 台北市中山北路一段 11 號 13 樓
電話：(02)2571-0297　傳真：(02)2571-0197　郵撥：0189456-1
著作權顧問——蕭雄淋律師

2016 年 2 月 1 日初版一刷
2024 年 8 月 25 日二版十五刷
定價——新台幣 380 元（缺頁或破損的書，請寄回更換）

ISBN 978-957-32-8404-8

ylib 遠流博識網 http://www.ylib.com
E-mail:ylib@ylib.com
遠流粉絲團 https://www.facebook.com/ylibfans

國家圖書館出版品預行編目 (CIP) 資料

炒股的智慧：教你持續、長期、穩定買股，讓錢自然流進來／陳江挺著 . -- 二版 . -- 臺北市：
遠流 , 2018.12
面；　公分 . --（實戰智慧館 ; 462）
ISBN 978-957-32-8404-8（平裝）

1. 股票投資 2. 投資技術 3. 投資分析

563.53　　107019057